AF542442

TRAITÉ

D'ARCHITECTURE.

PARIS. — IMPRIMÉ PAR E. THUNOT ET Cᵉ, RUE RACINE, 26, PRÈS DE L'ODÉON.
Les planches en taille douce ont été imprimées par TOUSSAINT, rue des Noyers, 31.

TRAITÉ D'ARCHITECTURE

CONTENANT

DES NOTIONS GÉNÉRALES SUR LES PRINCIPES DE LA CONSTRUCTION
ET SUR L'HISTOIRE DE L'ART,

PAR

LÉONCE REYNAUD,

INSPECTEUR GÉNÉRAL DES PONTS ET CHAUSSÉES, PROFESSEUR D'ARCHITECTURE A L'ÉCOLE POLYTECHNIQUE, ETC.

DEUXIÈME PARTIE.

ÉDIFICES.

PLANCHES.

PARIS.

VICTOR DALMONT, ÉDITEUR,

Précédemment Carilian-Gœury et Vve Dalmont,

LIBRAIRE DES CORPS IMPÉRIAUX DES PONTS ET CHAUSSÉES ET DES MINES,

QUAI DES AUGUSTINS, N° 49, PRÈS DE LA RUE DES GRANDS-AUGUSTINS.

1858.

TRAITÉ D'ARCHITECTURE.

DEUXIÈME PARTIE.

TABLE DES PLANCHES.

NUMÉROS DES FIGURES.	NUMÉROS DES PLANCHES ET SUJETS DES FIGURES.	PAGES DU TEXTE.
	PLANCHE 1.	
1 à 14	Figures relatives à la théorie des proportions.	44 à 49
15 à 16	Plans et profil d'amphithéâtres.	372 à 376
17 à 20	Plans de villes.	502 à 504, 602 et 603
21 à 24	Plans de places publiques.	595, 597 et 598
	PLANCHE 2.	
1 et 2	Fragments du plan et de l'élévation du portique d'Octavie, à Rome.	94 à 96
3 à 8	Dispositions de portiques.	98, 101 et 102
	PLANCHE 3.	
»	Loge des Lanzi, à Florence.	103 et 104
	PLANCHE 4.	
1 à 3	Fragments du portique de la place Santa-Maria-Novella, à Florence.	102 et 109
4 et 5	Fragment du cloître des Enfants Trouvés, à Florence.	109
5 et 6	Portique d'une petite maison de campagne des environs de Florence.	102, 103 et 112
	PLANCHE 5.	
»	Plan et vue de la mosquée d'Ebn Touloun, au Caire.	105 à 107 et 617
	PLANCHE 6.	
1 à 4	Plans et portiques du théâtre de Marcellus, à Rome.	95, 111 et 393 à 395
5 à 10	Plans et portiques de l'amphithéâtre de Nîmes.	95, 111 et 411
	PLANCHE 7.	
»	Plan et portiques de la place de la Concorde, à Paris.	7, 113, 114 et 598
	PLANCHE 8.	
1	Plan du porche du Panthéon, à Rome.	115
2 et 3	Plan et élévation du porche de la basilique de Saint Georges au Vélabre, à Rome.	116
4 et 5	Plan et élévation du porche de la cathédrale de Spolette.	117
6	Plan du porche d'une église d'Italie.	117
7	Plan du porche d'une église de village.	120
	PLANCHE 9.	
1 à 3	Plan, élévation et coupe de la *Porte dorée* du château de Fontainebleau.	121 et 122

NUMÉROS DES FIGURES.	NUMÉROS DES PLANCHES ET SUJETS DES FIGURES.	PAGES DU TEXTE.
	PLANCHE 10.	
1 à 4	Plans et coupes du vestibule du grand théâtre de Bordeaux	125 et 132
	PLANCHE 11.	
1 et 2	Plan et coupe d'un des escaliers du château de Fontainebleau	133
3 et 4	Plans de deux escaliers du Louvre	130 et 132
5	Plan d'escaliers accolés	130
6	Plan d'escaliers superposés	130
	PLANCHE 12.	
1 à 3	Plan et coupes de la restauration d'une basilique romaine	136 à 143
4	Plan de la basilique Ulpienne, à Rome	143
5	Plan de la basilique de Pompéi	143
	PLANCHE 13.	
1 et 2	Plan et coupe de la basilique de Constantin, à Rome	65, 147 et 148
	PLANCHE 14.	
»	Plan des palais du Louvre et des Tuileries	153 à 155 et 539 à 547
	PLANCHE 15.	
1	Plan du parc de Versailles	7, 156 et 157
2	Plan du bois de Boulogne	161 et 162
	PLANCHE 16.	
1	Fontaine de Neptune dans les jardins de Boboli, à Florence	165
2	Fontaine de la place Louvois, à Paris	167
	PLANCHE 17.	
1	Fontaine du Triton, à Rome	166
2 et 3	Fontaines du parc de Versailles	166
	PLANCHE 18.	
1	Fontaine du parc de Versailles	166
2	Fontaine de Marie de Médicis, dans le jardin du Luxembourg, à Paris	169
3	Fontaine du château de Caprarola	167
4	Fontaine du château de Gaillon	167
5	Fontaine de la rue du Regard, à Paris	169
6	Nymphée des environs de Rome	170
7	Grotte dans le château de Caprarola	170
	PLANCHE 19.	
1 à 3	Plan et coupe de la basilique de Sainte-Agnès hors les murs, à Rome	223
	PLANCHE 20.	
1	Plan de la basilique de Saint-Paul hors les murs, à Rome	225
2	Plan de la basilique de Sainte-Marie-Majeure, à Rome	227
3	Plan de la basilique de la Nativité, à Bethléem	228
4	Plan de la basilique de Parenzo, en Styrie	229
5	Plan du baptistère de Constantin, à Rome	231
6	Plan de l'église de Saint-Thomas in Limine, près de Bergame	611
	PLANCHE 21.	
»	Vue intérieure de la basilique de Saint-Paul hors les murs, à Rome	225 et 226

NUMÉROS DES FIGURES.	NUMÉROS DES PLANCHES ET SUJETS DES FIGURES.	PAGES DU TEXTE.
	PLANCHE 22.	
1 et 2	Plan et vue intérieure de la basilique de Saint-Clément, à Rome..................	220, 221, 223 et 224
	PLANCHE 23.	
1	Plan du rez-de-chaussée de l'église de Sainte-Sophie, à Constantinople............	233 à 243
2	Plan de la même église, pris à hauteur des galeries............................	
3 à 6	Plan et fragments de l'église de Saint-Vital, à Ravenne..........................	245 à 247
7	Plan de l'église de Saint-Marc, à Venise.....................................	247 à 250
	PLANCHE 24.	
»	Coupe transversale de Sainte-Sophie de Constantinople..........................	
	PLANCHE 25.	
»	Coupe longitudinale du même édifice..	
	PLANCHE 26.	
»	Élévation principale de Sainte-Sophie de Constantinople.........................	
	PLANCHE 27.	
»	Élévation latérale du même édifice..	233 à 243
	PLANCHE 28.	
1 à 3	Base, chapiteau, tympan, balustrade et corniche de la galerie supérieure. (de Sainte-Sophie.)	
4	Frise en marbre.. (de Sainte-Sophie.)	
5	Frise et bandeau des bas côtés du rez-de-chaussée.............. (de Sainte-Sophie.)	
6	Fenêtre du gynécée.................................... (de Sainte-Sophie.)	
7	Ornement des poutres formant tirants.......................... (de Sainte-Sophie.)	
8	Corniche d'un des piliers de l'atrium.......................... (de Sainte-Sophie.)	
	PLANCHE 29.	
»	Coupe longitudinale de l'église de Saint-Marc, à Venise.........................	245 à 250
	PLANCHE 30.	
1 et 2	Plan et coupe de l'église de Sainte-Marie du Capitole, à Cologne..................	250 à 253
3	Plan de l'église de Saint-Martin, à Cologne....................................	253
4	Plan de l'église de l'abbaye de Laach.......................................	253
	PLANCHE 31.	
1 à 3	Plan, coupe sur le transept et coupe sur la nef de la cathédrale d'Angoulême........	
	PLANCHE 32.	
»	Coupe longitudinale du même édifice..	266 à 269
	PLANCHE 33.	
1	Élévation principale de la cathédrale d'Angoulême.............................	
2 à 6	Élévation de l'abside, et chapiteaux du même édifice...........................	
	PLANCHE 34.	
1 et 2	Plan et coupe, suivant la ligne ABCD, de l'église de Saint-Michel, à Pavie..........	
	PLANCHE 35.	
»	Coupe longitudinale du même édifice..	255 à 257 et 609 à 614
	PLANCHE 36.	
1	Élévation de la façade principale de l'église de Saint-Michel, à Pavie..............	
2	Élévation du pignon méridional du même édifice...............................	

NUMÉROS DES FIGURES.	NUMÉROS DES PLANCHES ET SUJETS DES FIGURES.	PAGES DU TEXTE.
	PLANCHE 37.	
1 à 3	Plan et fragments de coupe longitudinale et de coupe transversale de l'église de Saint-Étienne, à Caen	271 à 274
4 à 6	Plan et élévations d'un des pieds-droits de la grande nef	
7 et 8	Chapiteau, bandeau et archivolte d'une des fenêtres de la grande nef	
9	Chapiteau de l'Abbaye-aux-Dames, à Caen	
	PLANCHE 38.	
1 à 5	Plans de la cathédrale d'Amiens et de ses principales colonnes	287 à 291
	PLANCHE 39.	
»	Coupe transversale de la cathédrale d'Amiens	
	PLANCHE 40.	
»	Fragment de coupe longitudinale du même édifice	
	PLANCHE 41.	
1 et 2	Plan et coupe transversale de la cathédrale d'Angers	292 à 294
3 à 10	Détails de l'ornementation de cet édifice	
	PLANCHE 42.	
»	Coupe longitudinale de la cathédrale d'Angers	
	PLANCHE 43.	
»	Plan de Saint-Pierre de Rome	98 à 101 et 301 à 311
	PLANCHE 44.	
»	Vue intérieure de Saint-Pierre de Rome	62, 63 et 301 à 311
	PLANCHE 45.	
1	Coupe d'une des pyramides de Giseh	332 à 335
2	Plan de l'hypogée de Ramsès-Méiamounn	339
3 et 4	Plan et coupe de l'hypogée de Ménephtah Ier	339
5 à 8	Plan, coupe et vue d'un hypogée, près de Beni-Hassen	339 et 340
	PLANCHE 46.	
1	Tombeau de Théron, à Agrigente	343 et 344
2 à 5	Stèles funéraires grecques	344 et 345
6	Urne funéraire	345
7	Sarcophage grec	
	PLANCHE 47.	
1 et 2	Tombeau d'Auguste, à Rome	350
3	Sarcophage de Scipion Barbatus	352
4	Stèle funéraire romaine	353
5	Tombeau de Pompéi	
	PLANCHE 48.	
1, 2 et 3	Tombeau du général Foy, à Paris	360
4	Tombeau de madame Delaroche, à Paris	361
5	Tombeau de Cherubini, à Paris	361 et 362
6	Tombeau d'un ouvrier	363
7	Tombeau de famille	364
8	Pierre sépulcrale du moyen âge	355
9	Sarcophage de Marie de Bourgogne, à Bruges	358

NUMÉROS DES FIGURES.	NUMÉROS DES PLANCHES ET SUJETS DES FIGURES.	PAGES DU TEXTE.
	PLANCHE 49.	
1, 2 et 5	Plan, élévation et coupe d'une porte romaine, à Nîmes	320 et 321
3, 4 et 6	Plan, élévation et coupe d'une porte romaine, à Autun	
	PLANCHE 50.	
1 à 4	Plan, élévation et coupe de l'arc de Titus, à Rome	322
5 à 8	Plan, élévation et coupe de l'un des arcs antiques de Saint-Chamas	324
	PLANCHE 51.	
»	Arc de Septime-Sévère, à Rome	322 et 323
	PLANCHE 52.	
»	Plan de l'hôtel de ville de Paris, pris à hauteur du premier étage	124, 125, 130, 131 et 420 à 423
	PLANCHE 53.	
»	Élévation et plan du rez-de-chaussée du même édifice	
	PLANCHE 54.	
»	Coupe transversale du même édifice	
	PLANCHE 55.	
»	Plan et fragment d'élévation de l'hôtel des Invalides, à Paris	445 et 446
	PLANCHE 56.	
»	Plan et fragment de coupe de l'hôpital Lariboisière, à Paris	184, 194 à 196, 440, 441 et 446
	PLANCHE 57.	
1	Plan de la prison cellulaire du boulevard Mazas, à Paris	183, 184, 197, 198 et 429 à 433
2 à 4	Détails d'une cellule	
	PLANCHE 58.	
1 et 2	Coupe et élévation de la prison cellulaire du boulevard Mazas, à Paris	
	PLANCHE 59.	
»	Vue de l'amphithéâtre Flavien ou Colysée	406 à 411
	PLANCHE 60.	
1 et 2	Plans du théâtre de l'Opéra, à Paris	125, 397 et 398
	PLANCHE 61.	
»	Coupe du même théâtre	
	PLANCHE 62.	
1 et 2	Plans du théâtre de l'Odéon, à Paris	125, 398 et 399
	PLANCHE 63.	
»	Coupe du même théâtre	
	PLANCHE 64.	
1 et 2	Plan et coupe des thermes de Caracalla, à Rome	0 et 448 à 451

NUMÉROS DES FIGURES.	NUMÉROS DES PLANCHES ET SUJETS DES FIGURES.	PAGES DU TEXTE.
	PLANCHE 65.	
1 et 2	Plan, coupe et élévation des nouvelles Halles centrales de Paris	457 à 459
	PLANCHE 66.	
»	Plan de la gare de Paris du chemin de fer de Paris à la Méditerranée	467
	PLANCHE 67.	
1 à 6	Plans, coupe et élévation du phare de Bréhat	476 à 483
	PLANCHE 68.	
1 à 5	Plans, coupe et élévation du phare de Calais	485
	PLANCHE 69.	
1 à 3	Élévation, coupe et détail du pont d'Auguste, à Rimini	492 et 493
4 à 6	Élévation et détails du pont de *Quattro capi*, à Rome	
7 à 9	Élévation, coupe et détails du pont Saint-Ange, à Rome	
	PLANCHE 70.	
1	Ancien pont Saint-Michel, à Paris	493 et 494
2 à 4	Élévation, coupe et détail du pont de la Trinité, à Florence	
5 à 7	Élévation et coupes du pont de l'Alma, à Paris	
	PLANCHE 71.	
1 à 4	Élévation, plan et coupes du viaduc de Dinan	495
	PLANCHE 72.	
1 à 3	Élévation et coupe de l'aqueduc du Gard	496 et 497
2 à 4	Élévation et coupe de l'aqueduc de Roquefavour	
	PLANCHE 73.	
1 à 6	Plans, élévations et coupes de deux maisons de la Renaissance, à Orléans	506 et 507
	PLANCHE 74.	
1 et 2	Plans du rez-de-chaussée et du premier étage du palais du Luxembourg, à Paris	509 à 511
	PLANCHE 75.	
»	Vue du palais du Luxembourg	
	PLANCHE 76.	
1	Plan de l'hôtel du Maine, à Paris	517 et 518
2	Élévation d'une antiporte	
	PLANCHE 77.	
1	Plan de l'hôtel Bourbon, à Paris	516
2	Plan du petit hôtel de Choiseul, à Paris	520
	PLANCHE 78.	
1 et 2	Plan et élévation de l'hôtel de la Vrillière, à Paris	518 à 520
	PLANCHE 79.	
1 et 2	Plan et coupe de l'hôtel de Luynes, à Paris	515 et 516

NUMÉROS DES FIGURES.	NUMÉROS DES PLANCHES ET SUJETS DES FIGURES.	PAGES DU TEXTE.
3 et 4	Plan et élévation d'une des maisons de la place Royale, à Paris.	520
4 et 5	Plan et élévation d'une des maisons du quai de l'Horloge, à Paris.	
	PLANCHE 80.	
1 à 4	Plans, élévation et coupe d'une maison moderne, à Paris.	534 et 535
	PLANCHE 81.	
1 à 4	Plans, élévation et coupe d'une maison moderne, à Paris.	535
	PLANCHE 82.	
1 à 9	Plans de maisons de Paris.	535 à 538
	PLANCHE 83.	
»	Vue du château de Chenonceaux.	568 à 570
	PLANCHE 84.	
1	Vue du château du cardinal de Richelieu.	571 à 573
2	Plan de l'édifice principal.	
3 et 4	Porte d'entrée et fragment d'élévation de l'édifice principal.	
	PLANCHE 85.	
1 et 2	Plan et élévation d'un petit château, près de Blois.	474
3 et 4	Plan et élévation d'un petit château, près de Trouville.	
5	Plan du château de Chenonceaux.	568 à 570
	PLANCHE 86.	
1 à 3	Plans et élévation d'un château, près de Lyon.	577 et 578

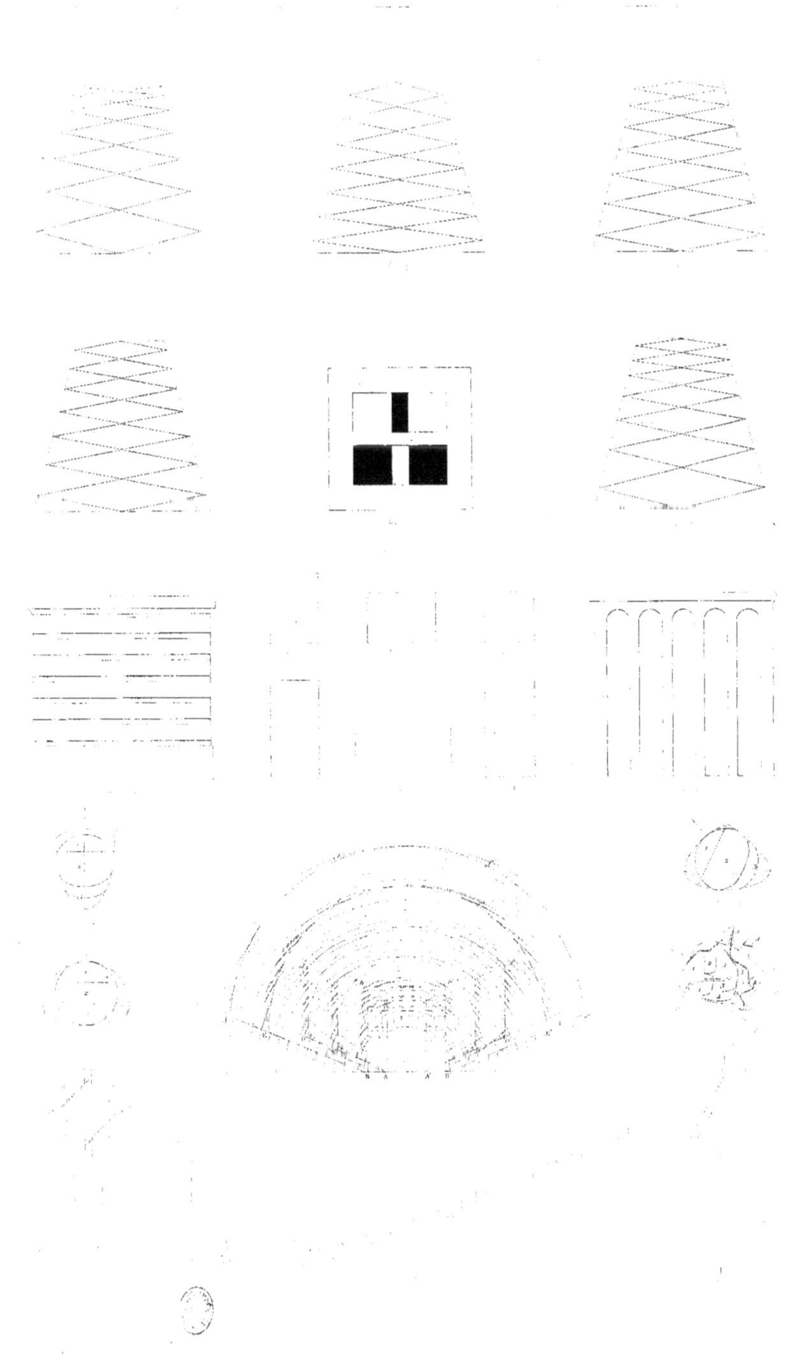

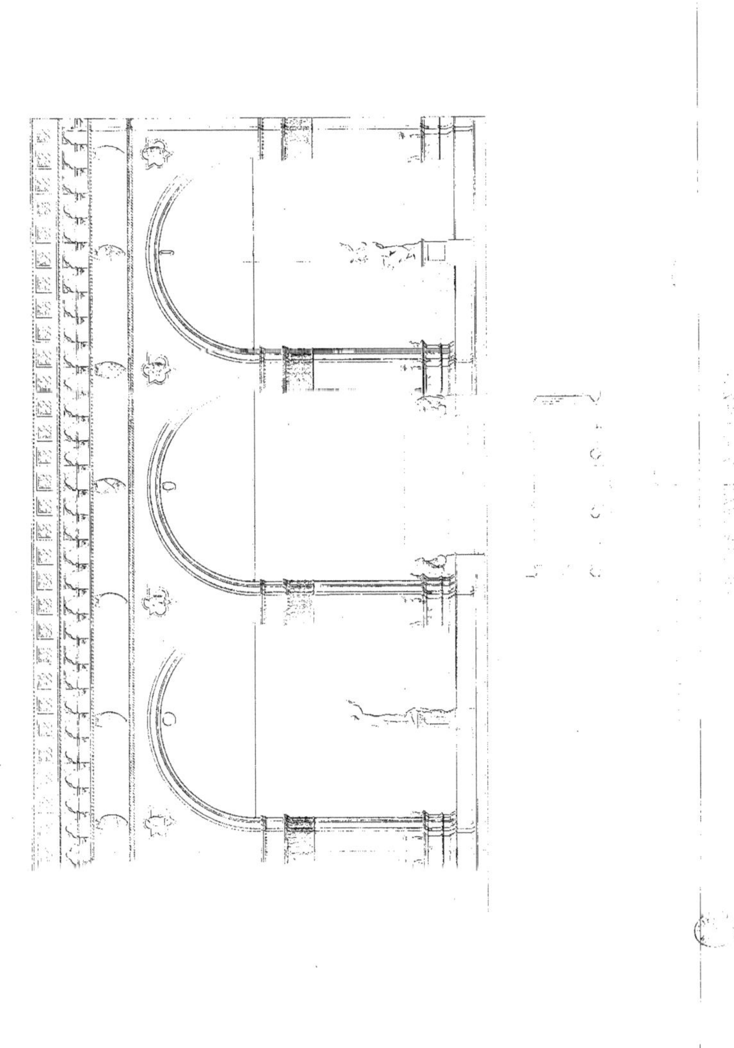

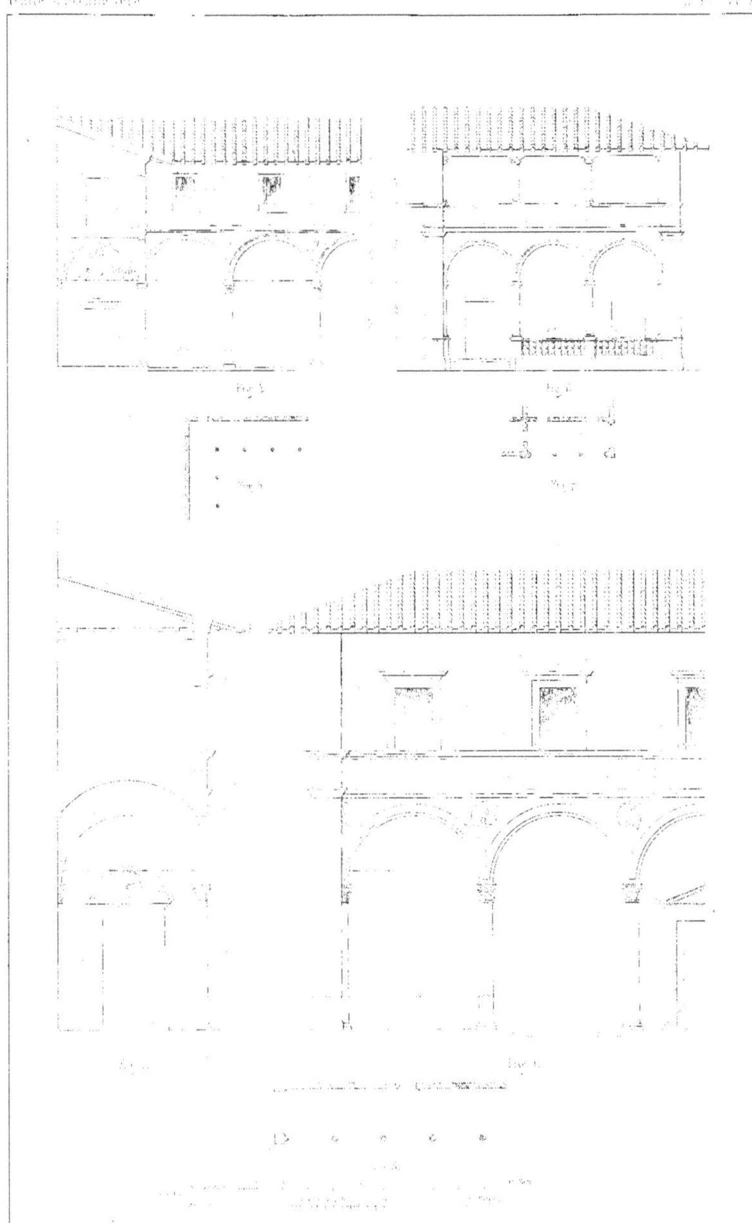

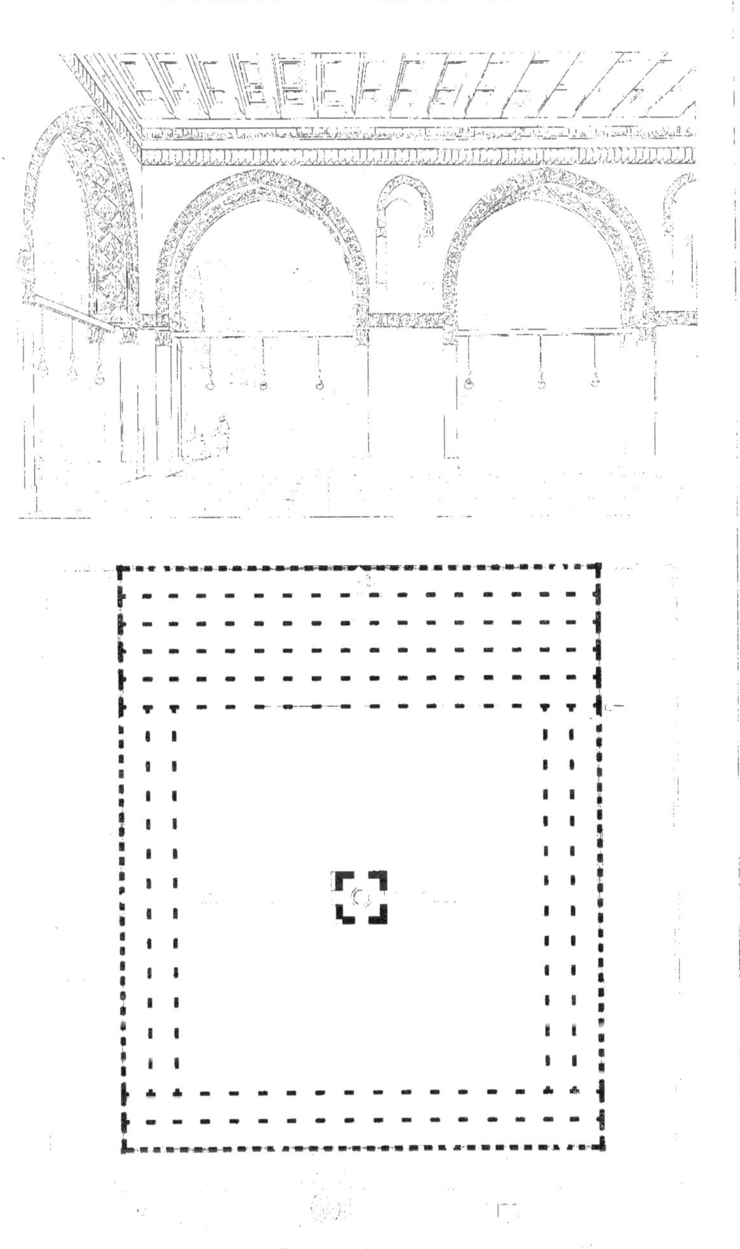

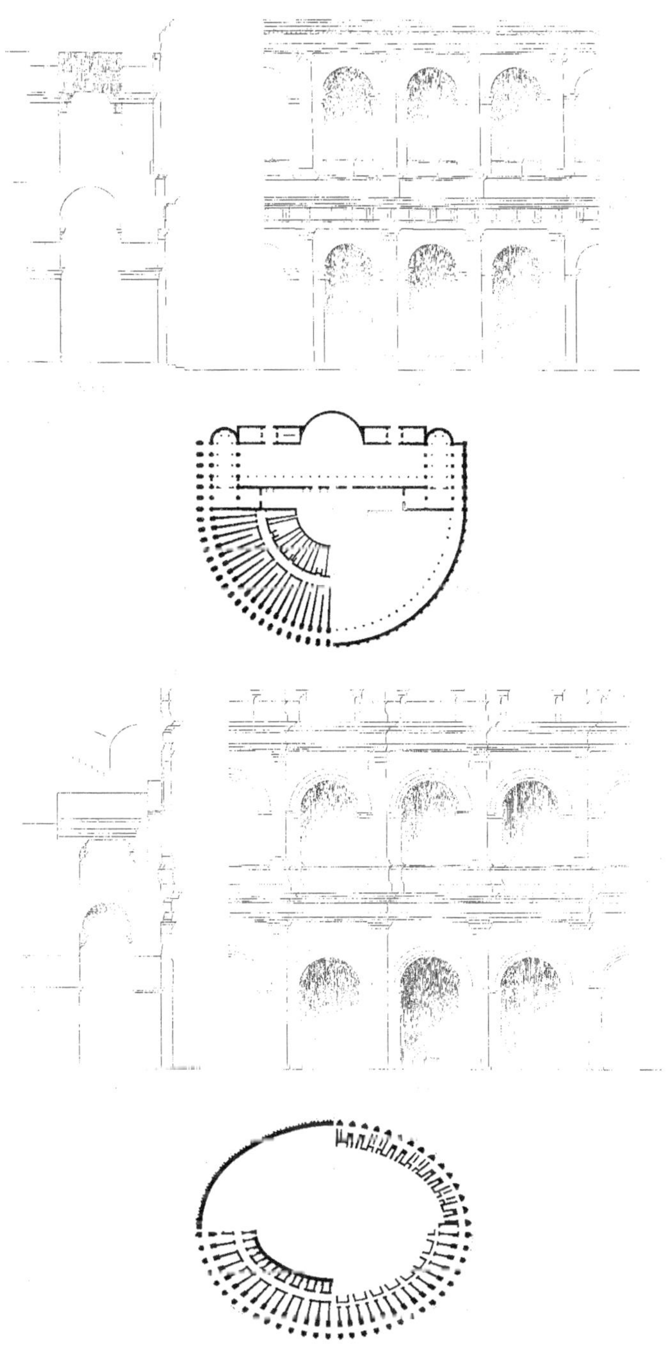

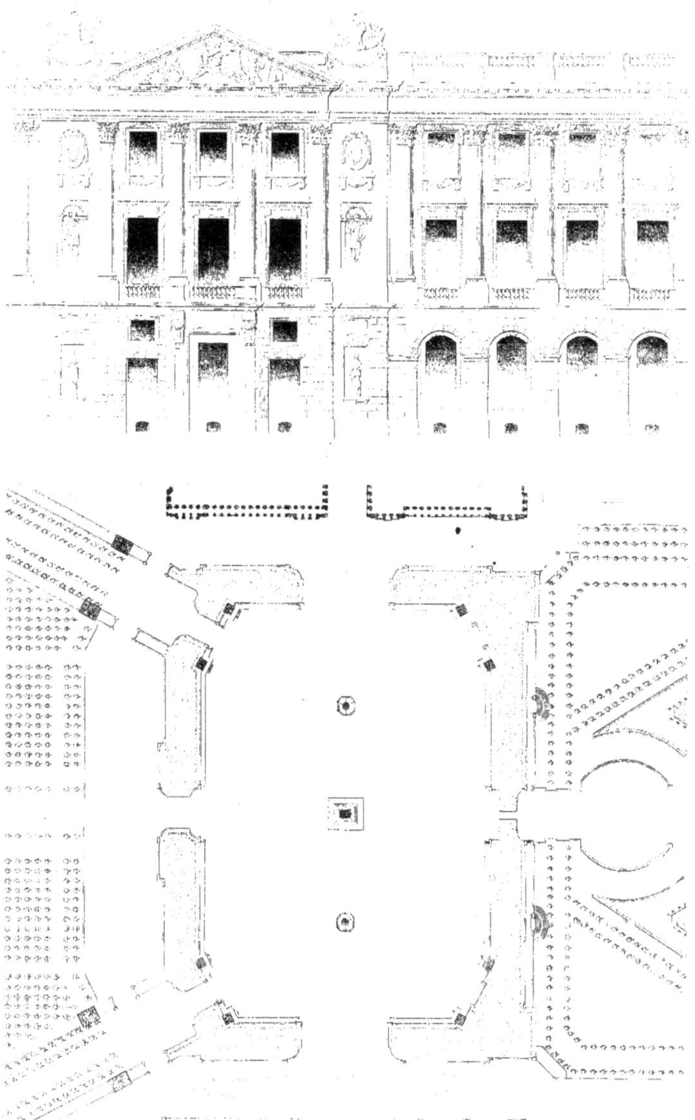

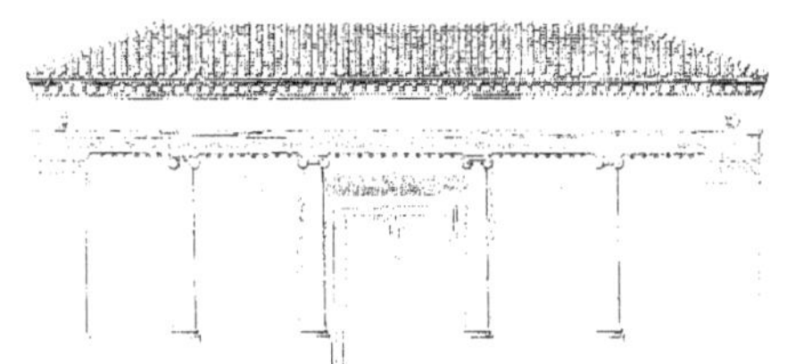

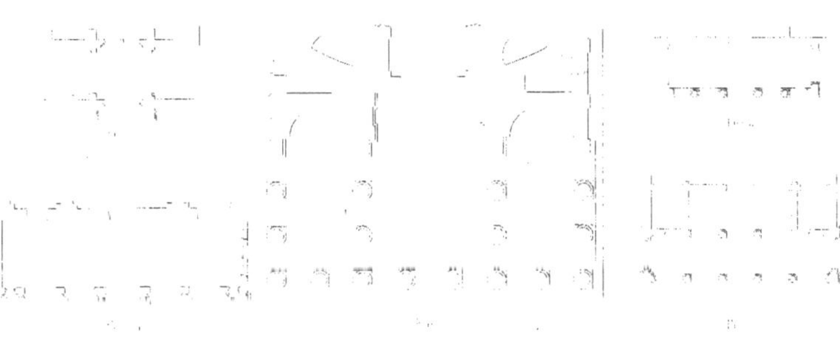

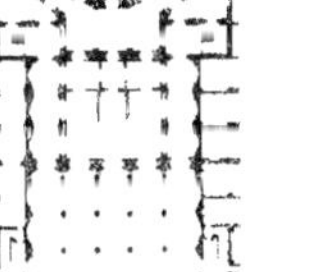

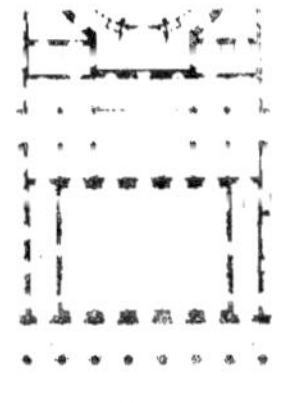

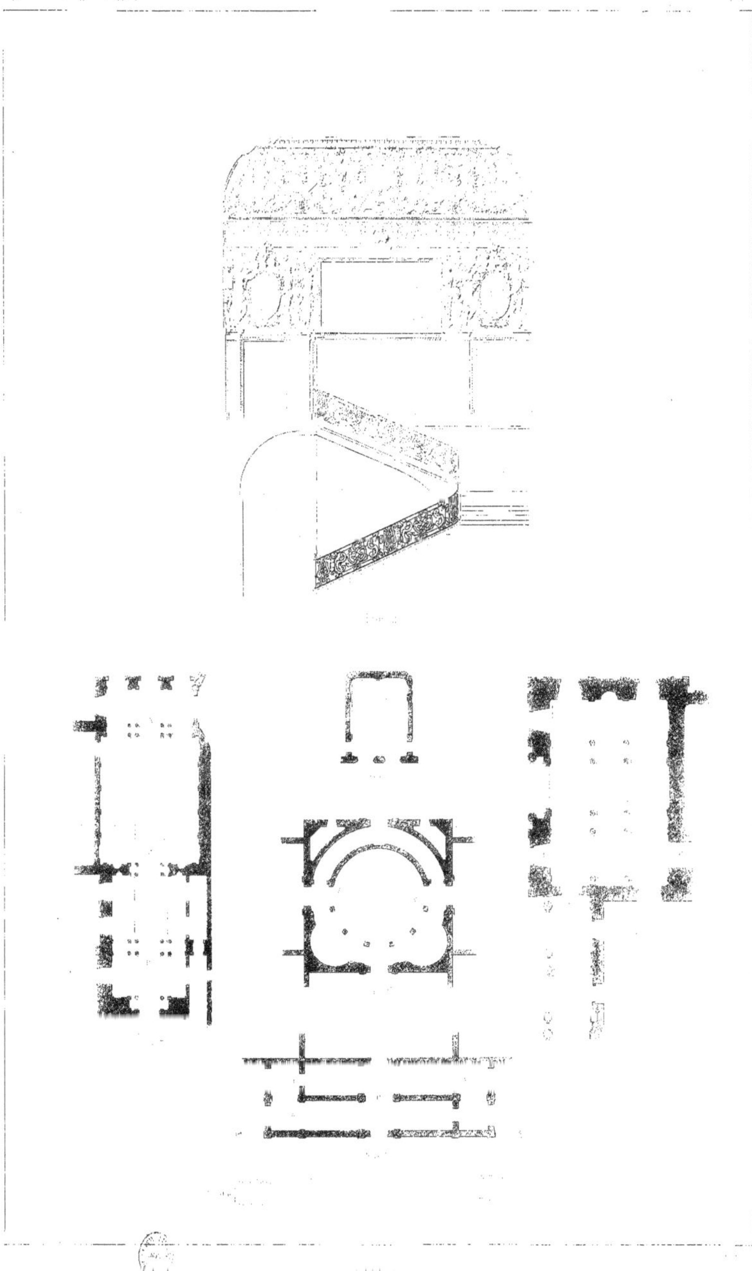

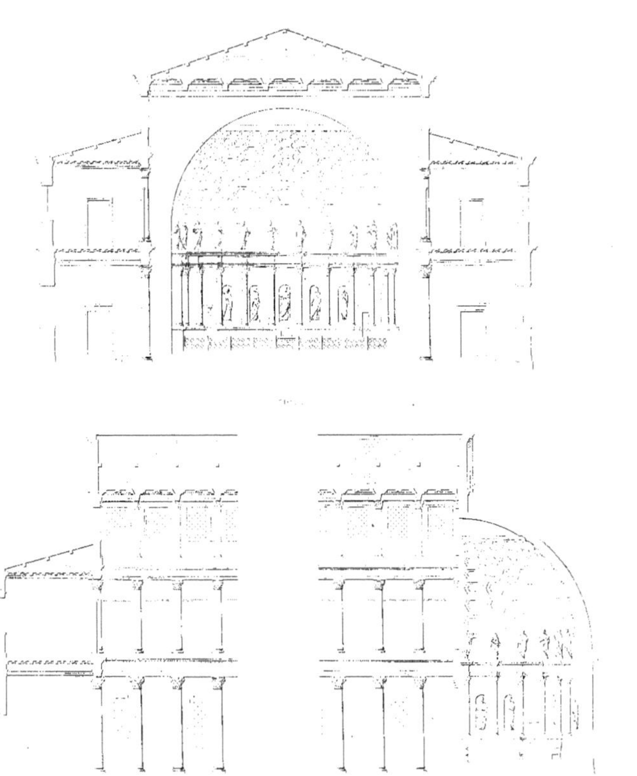

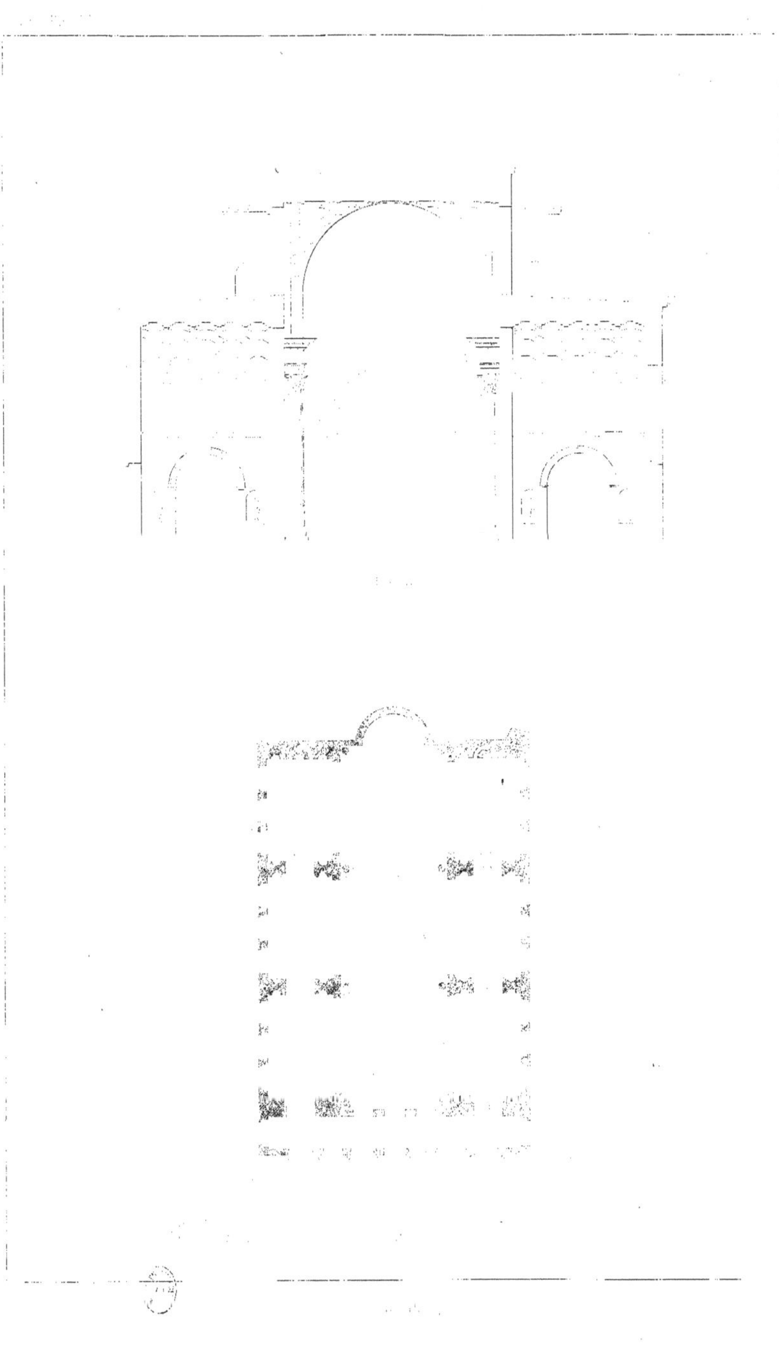

PALAIS DU [illegible]

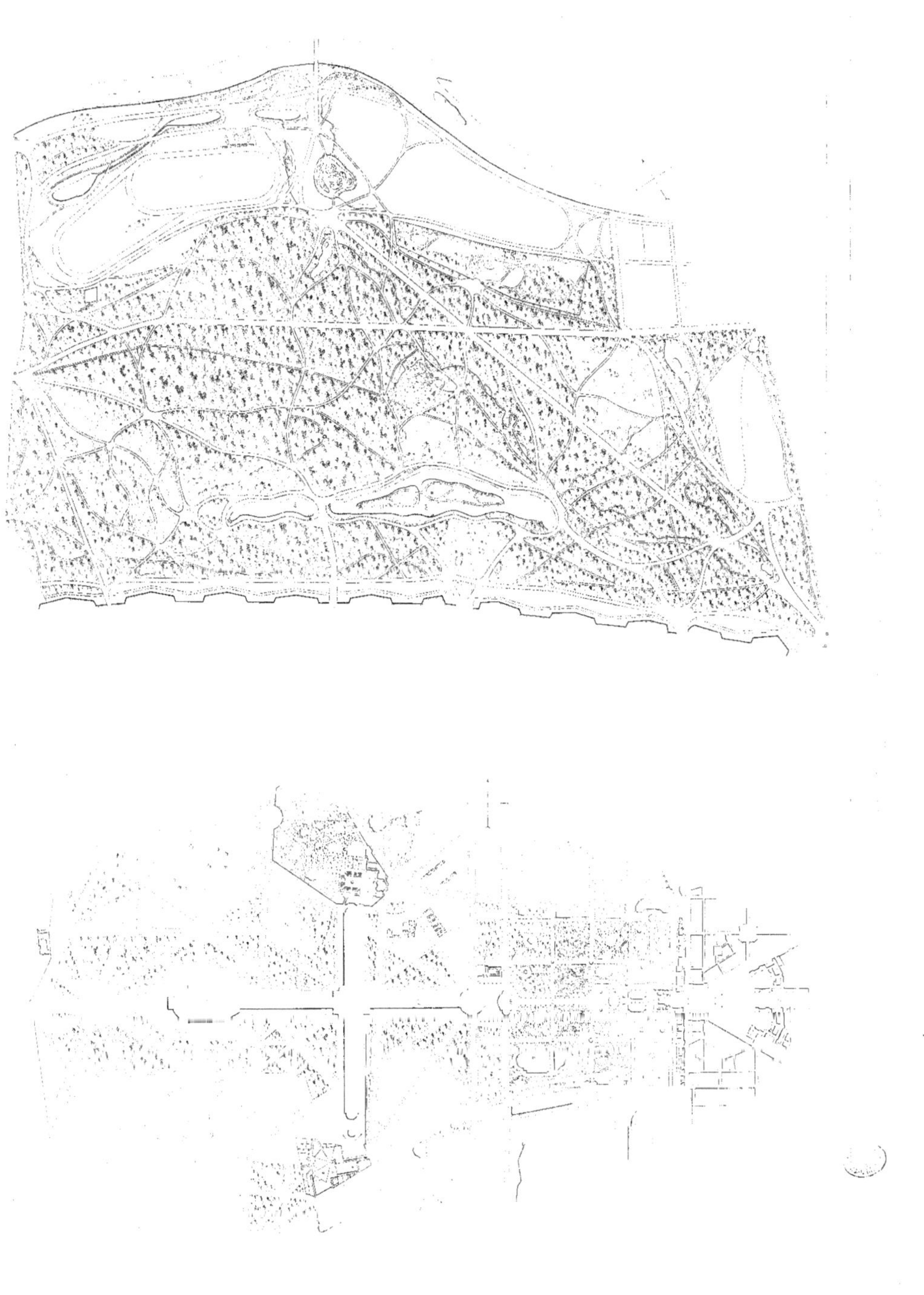

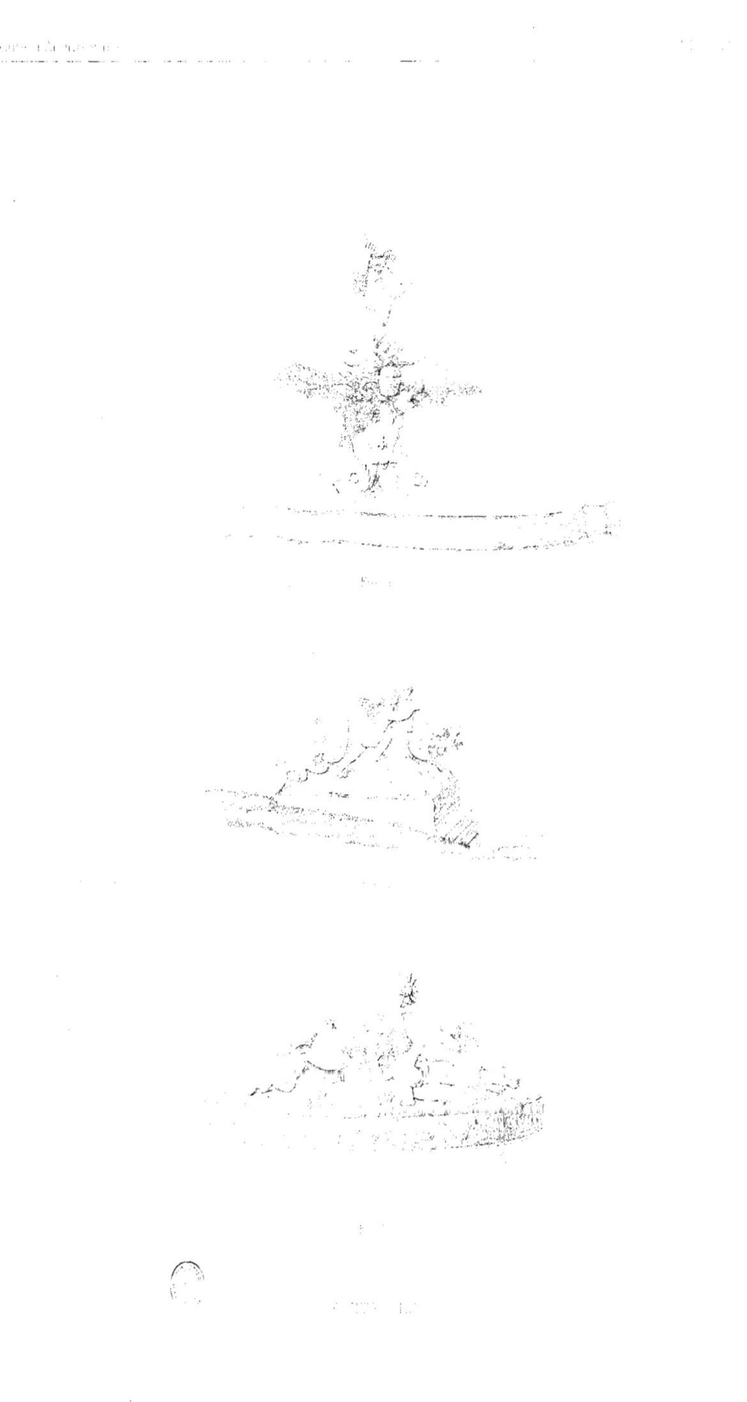

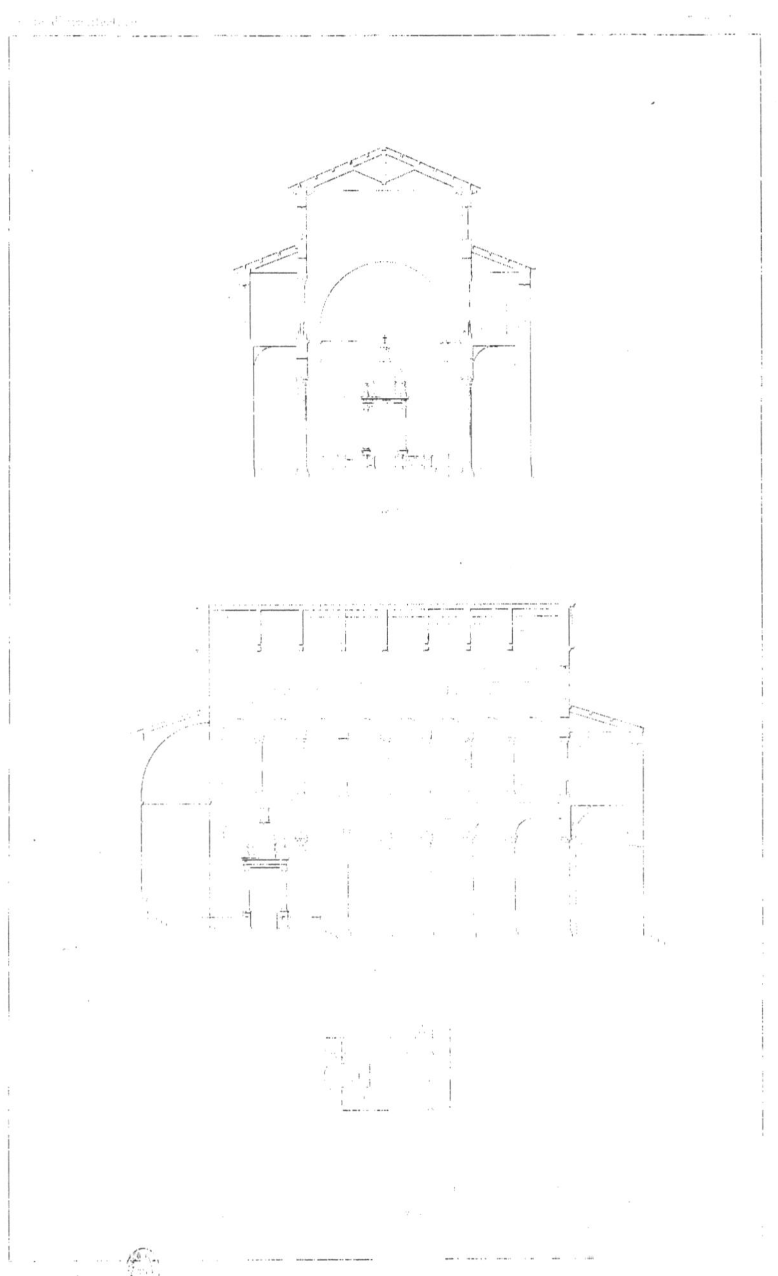

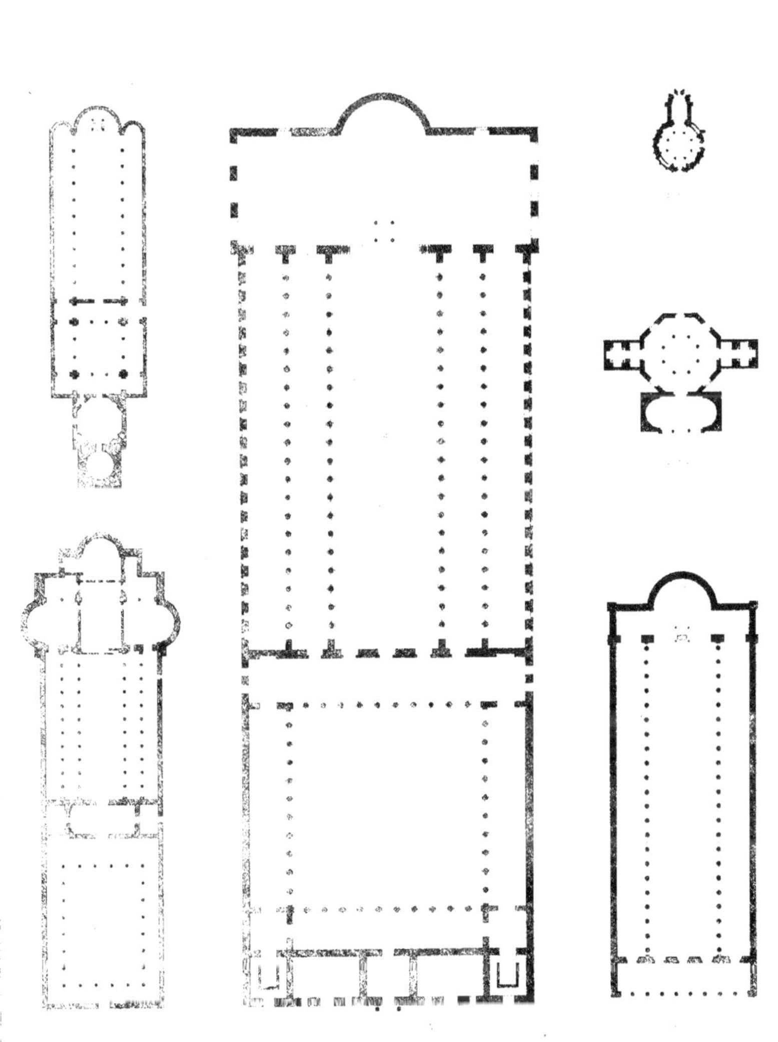

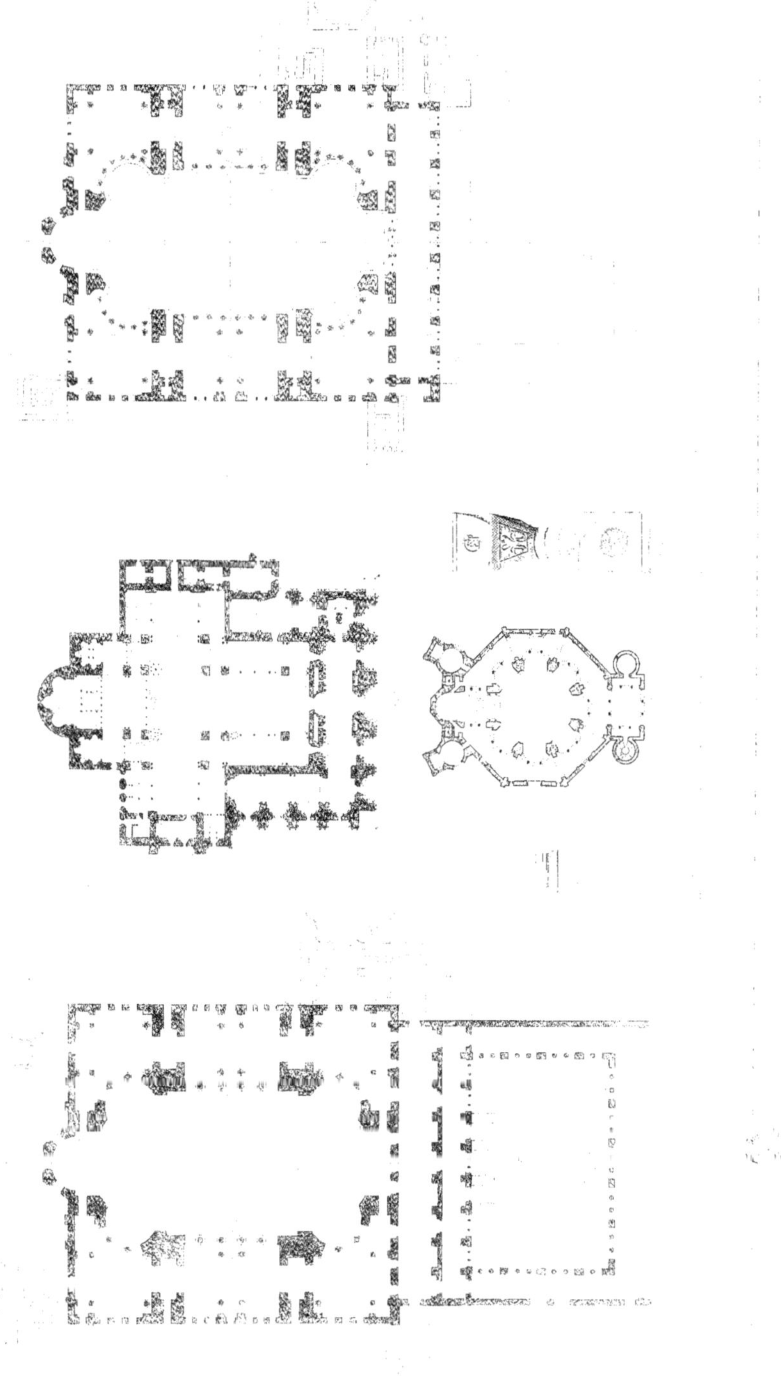

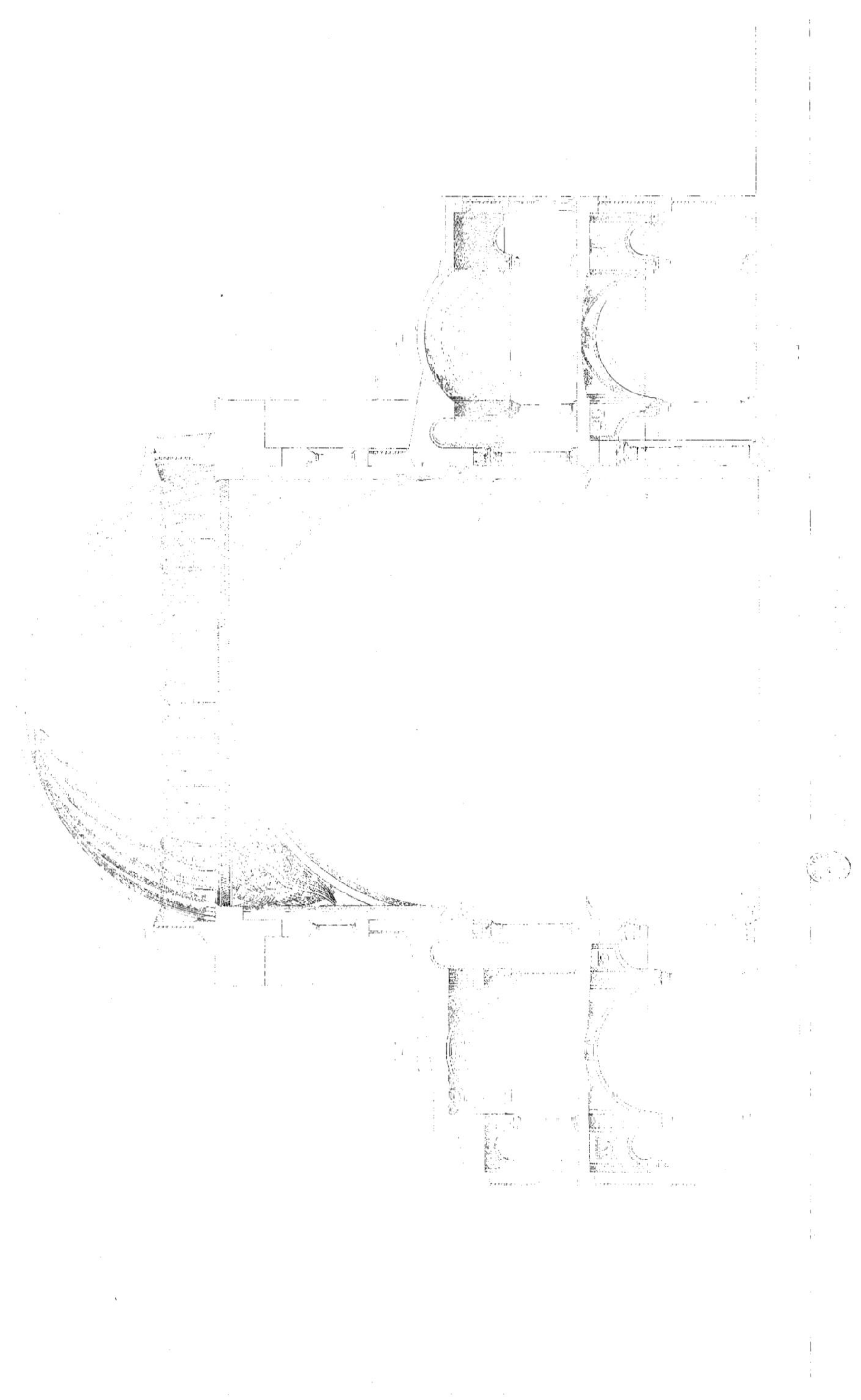

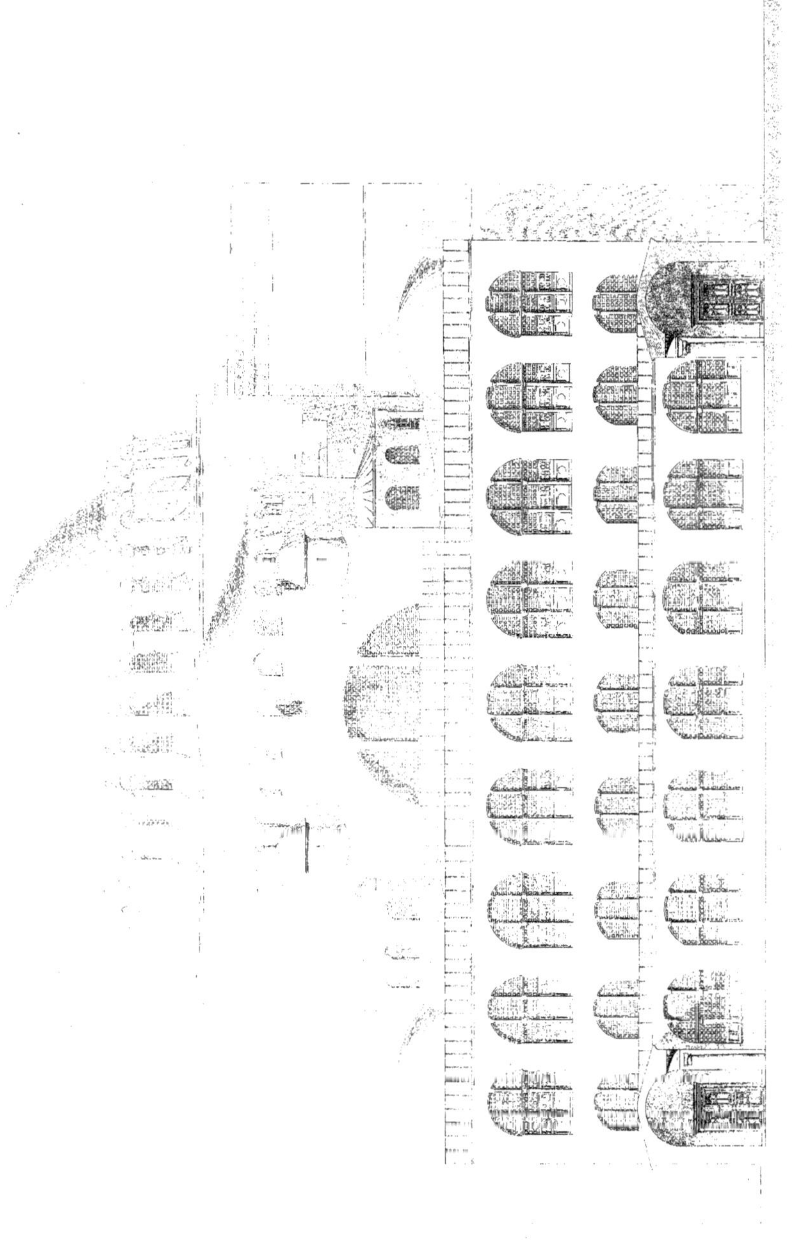

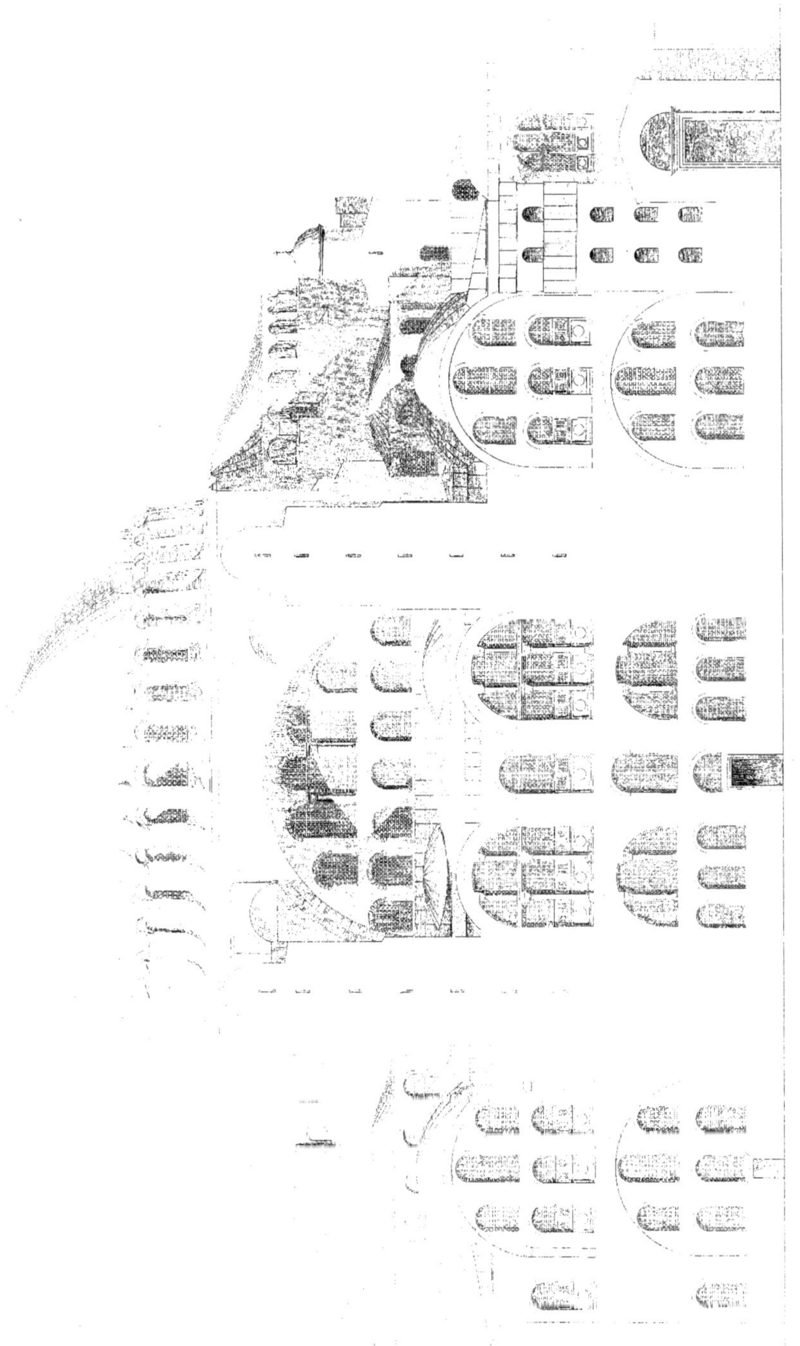

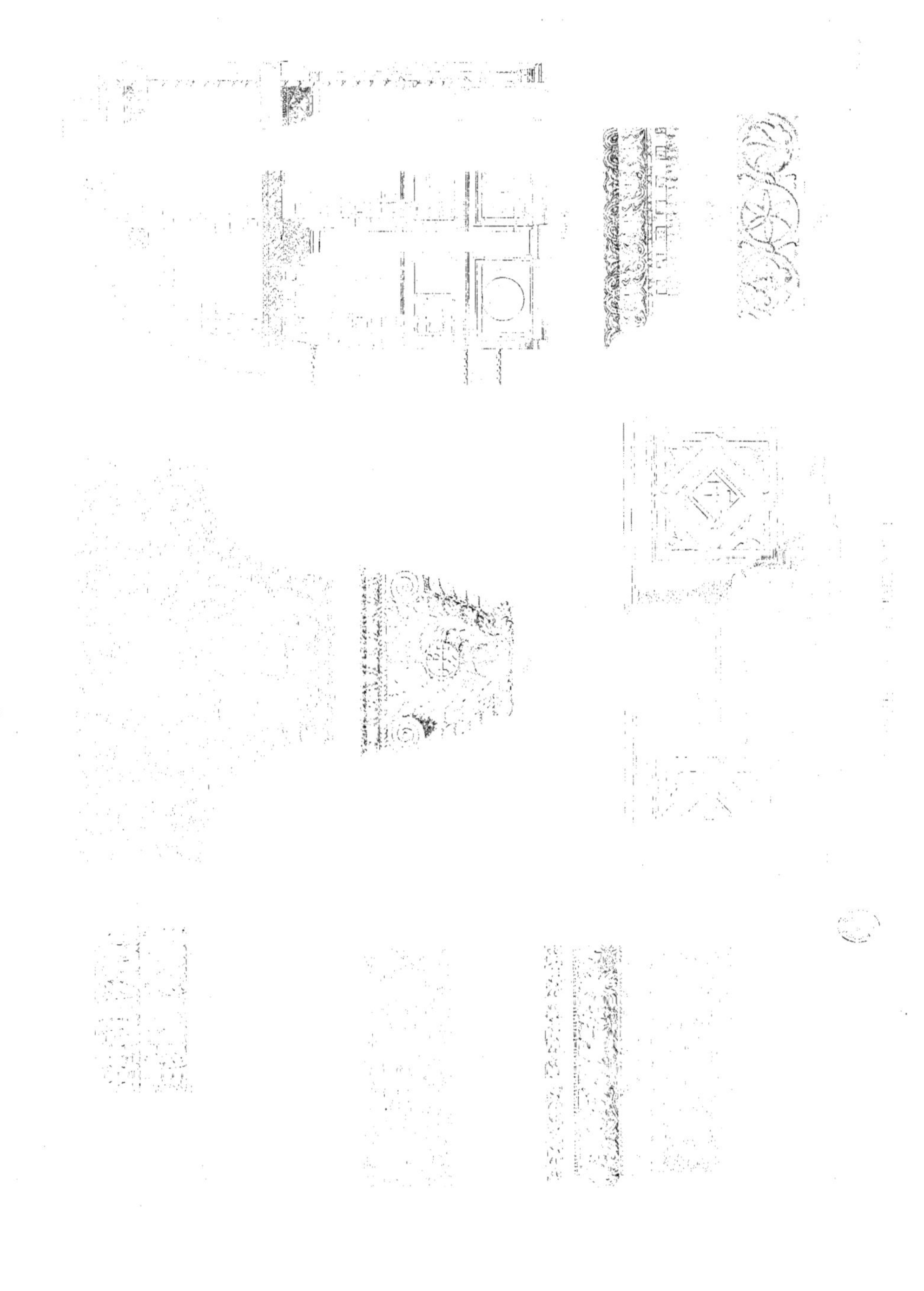

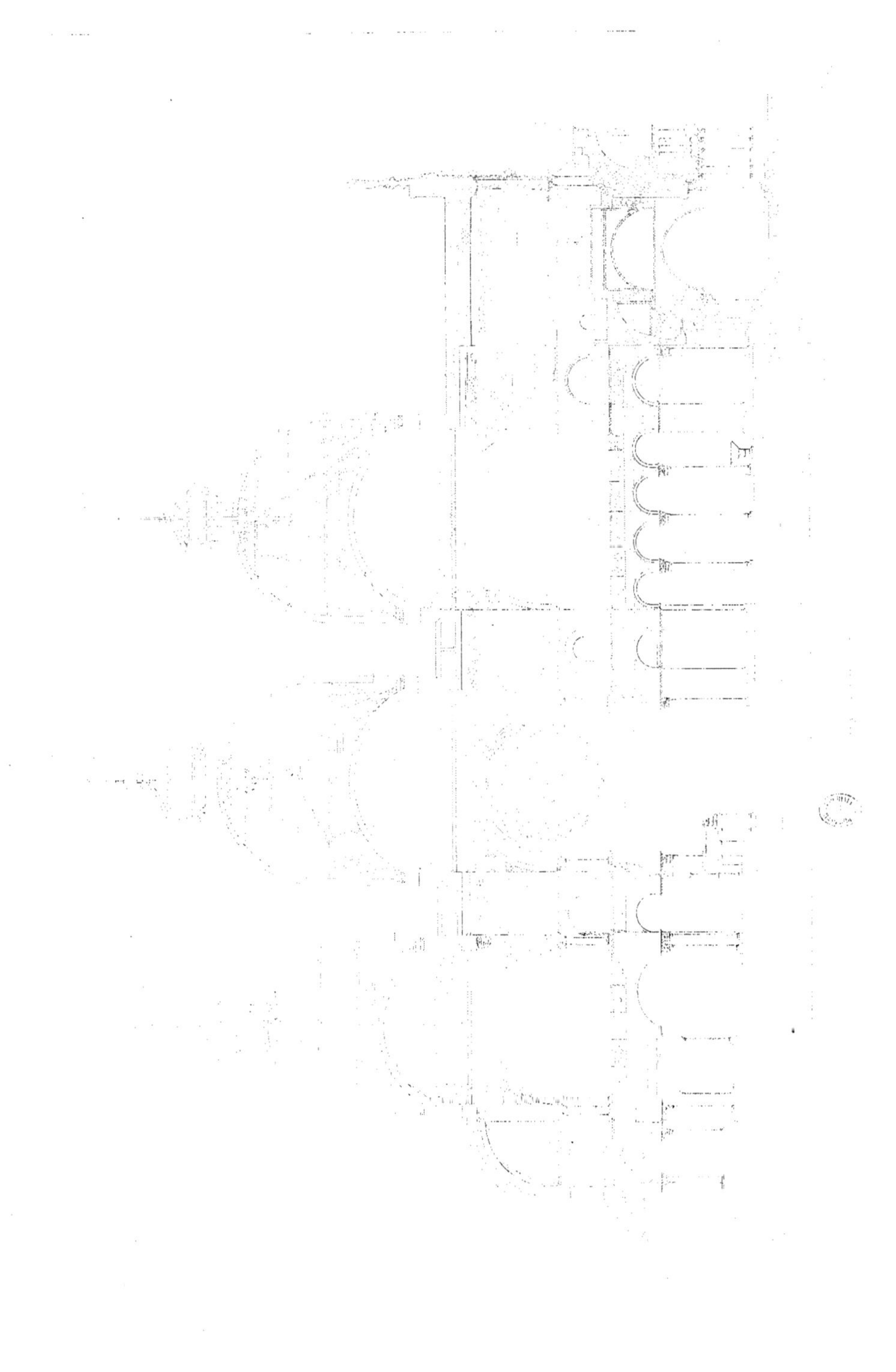

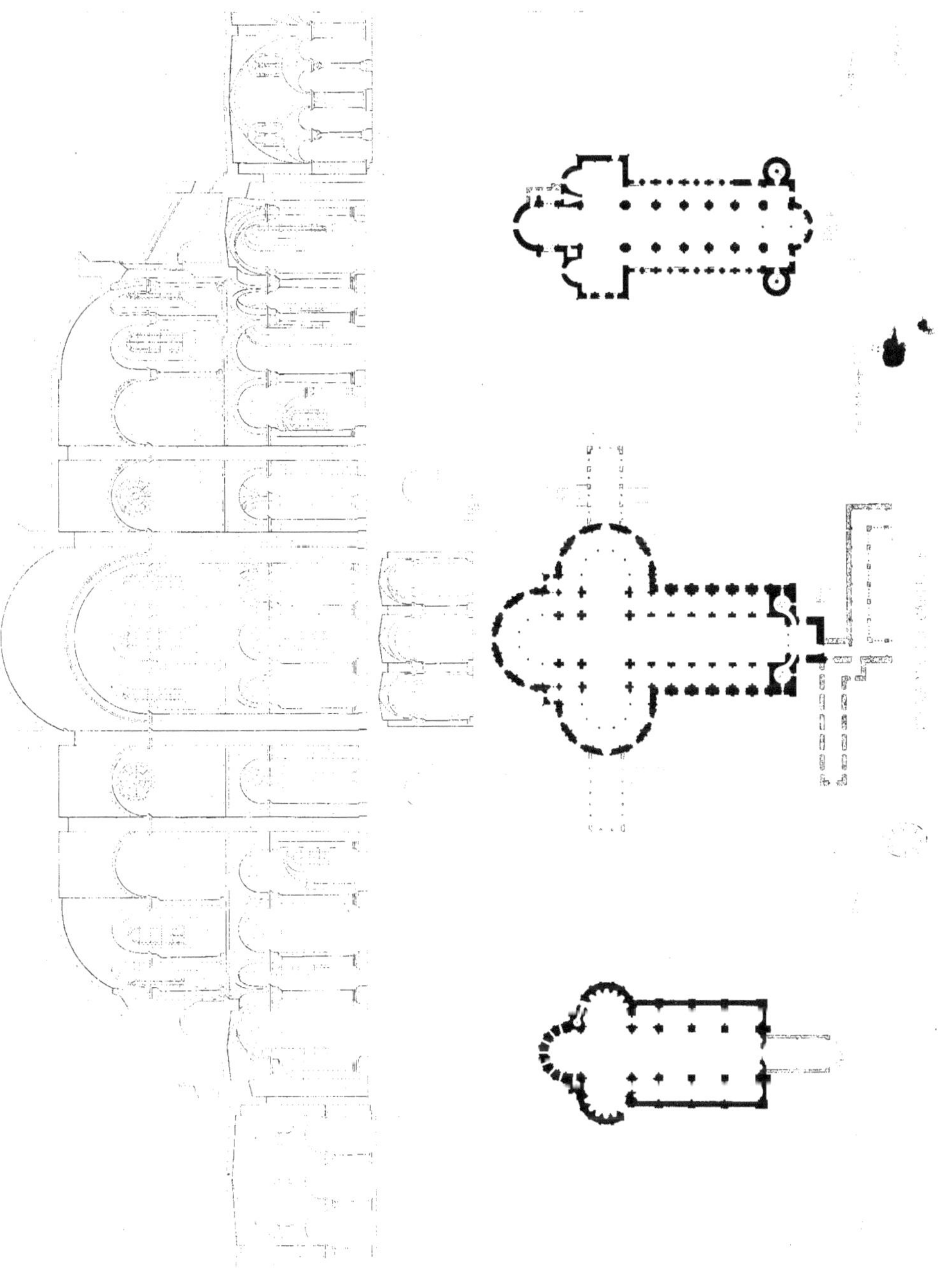

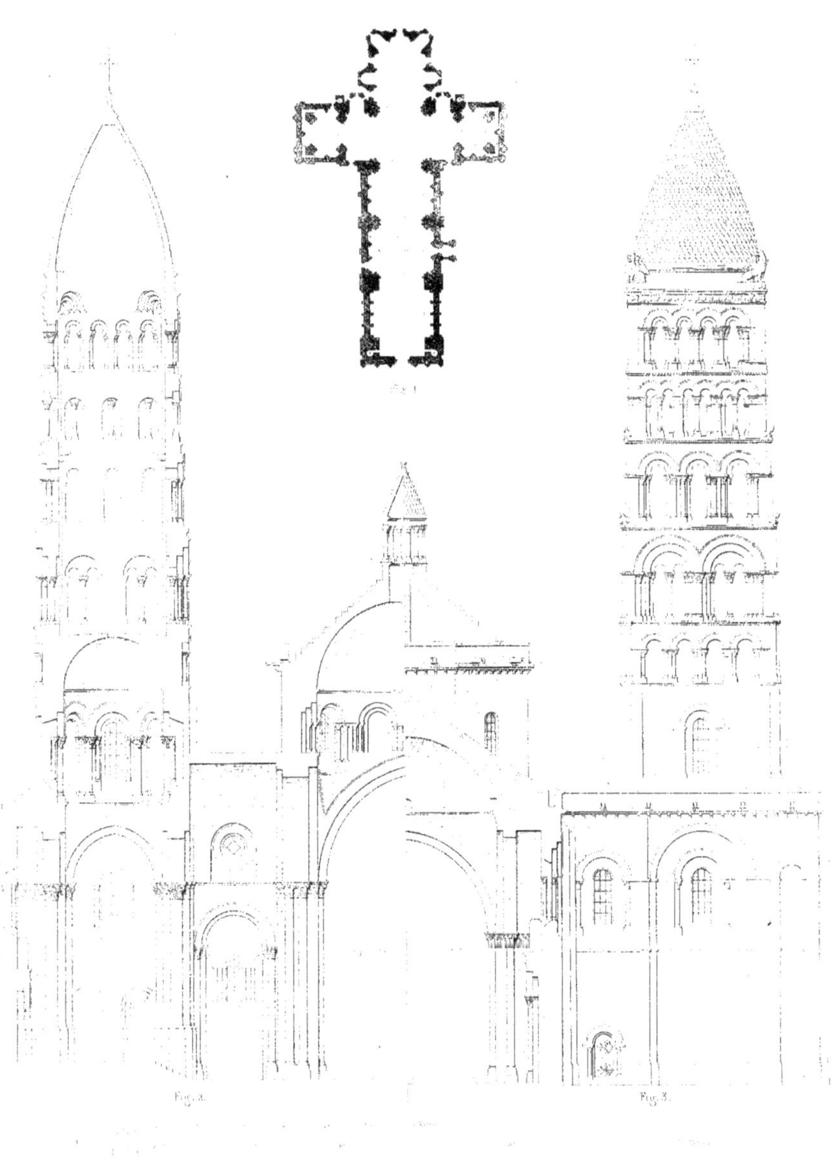
Fig. 2.
Fig. 3.

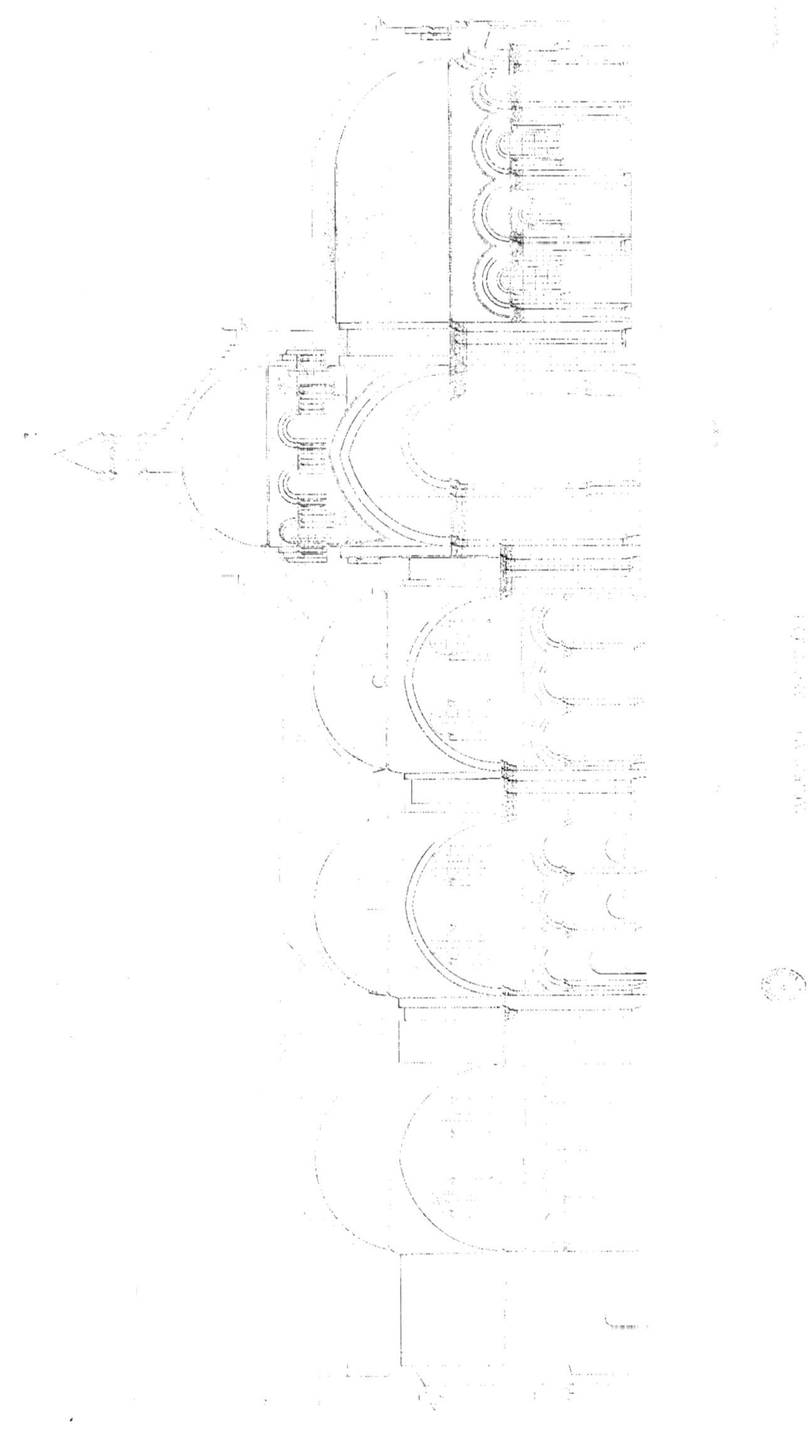

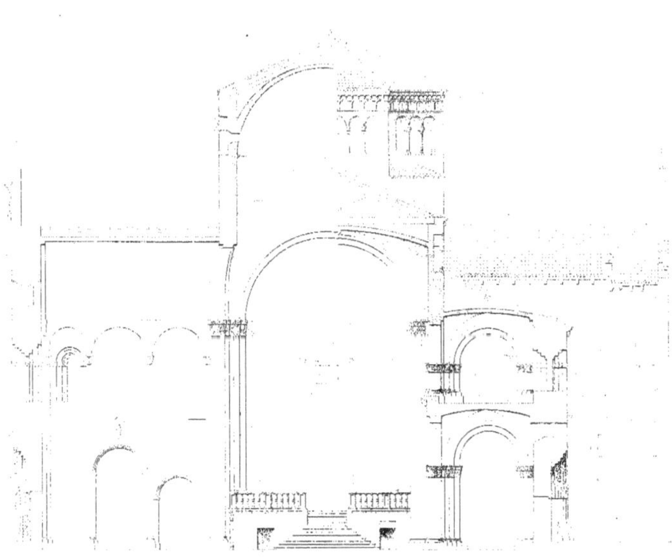

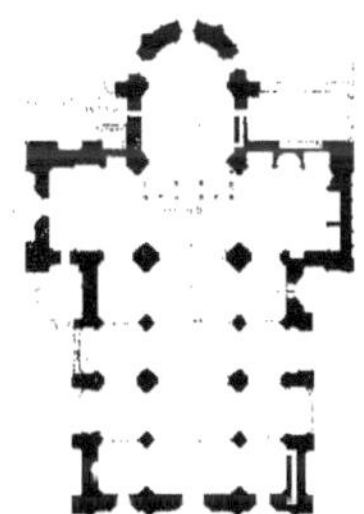

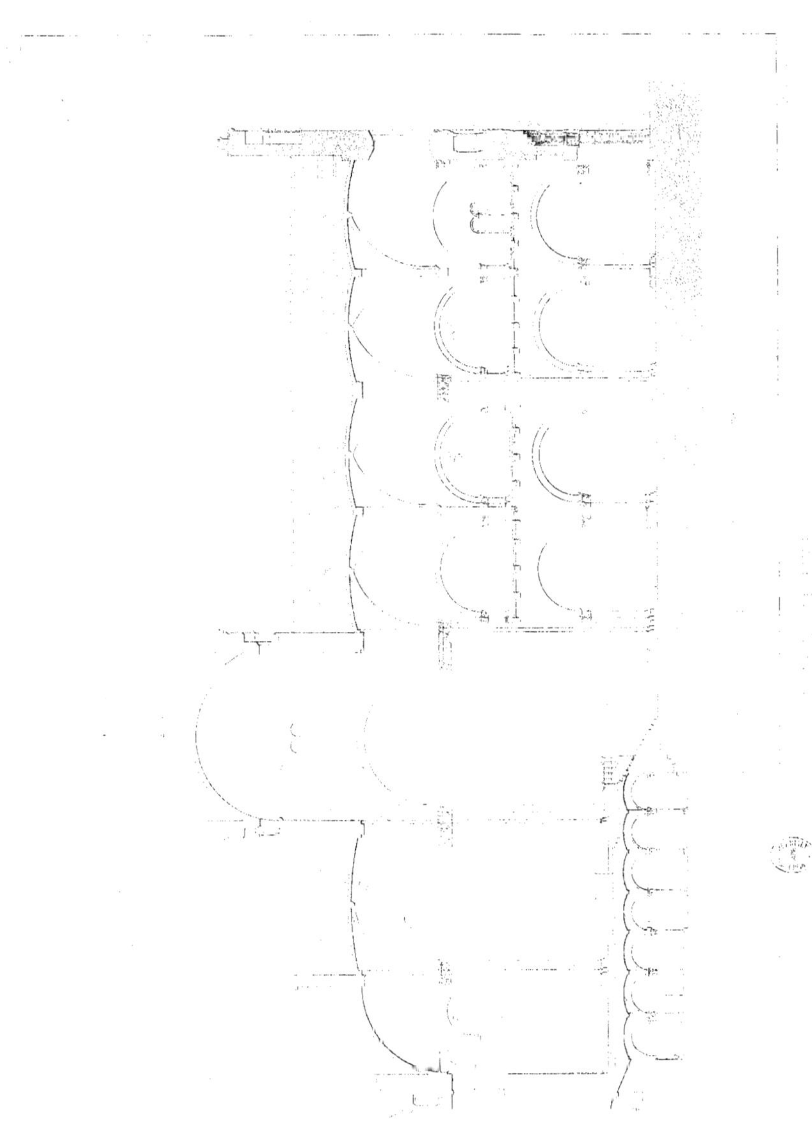

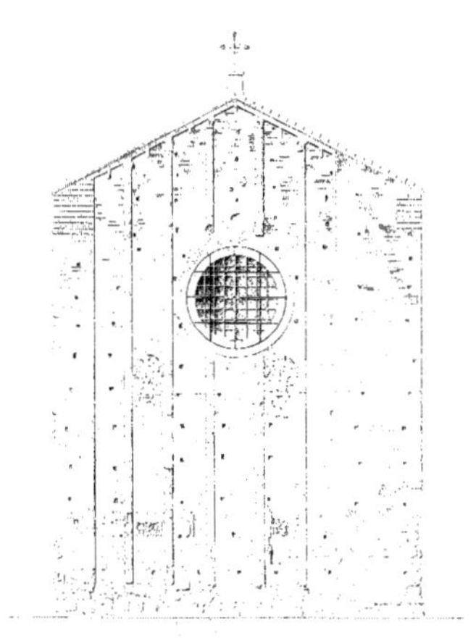

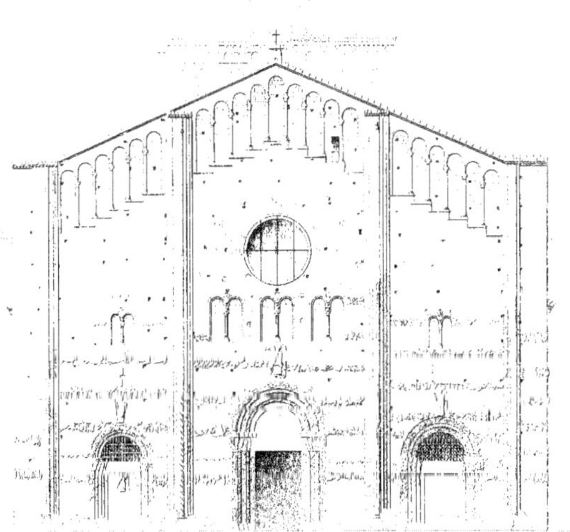

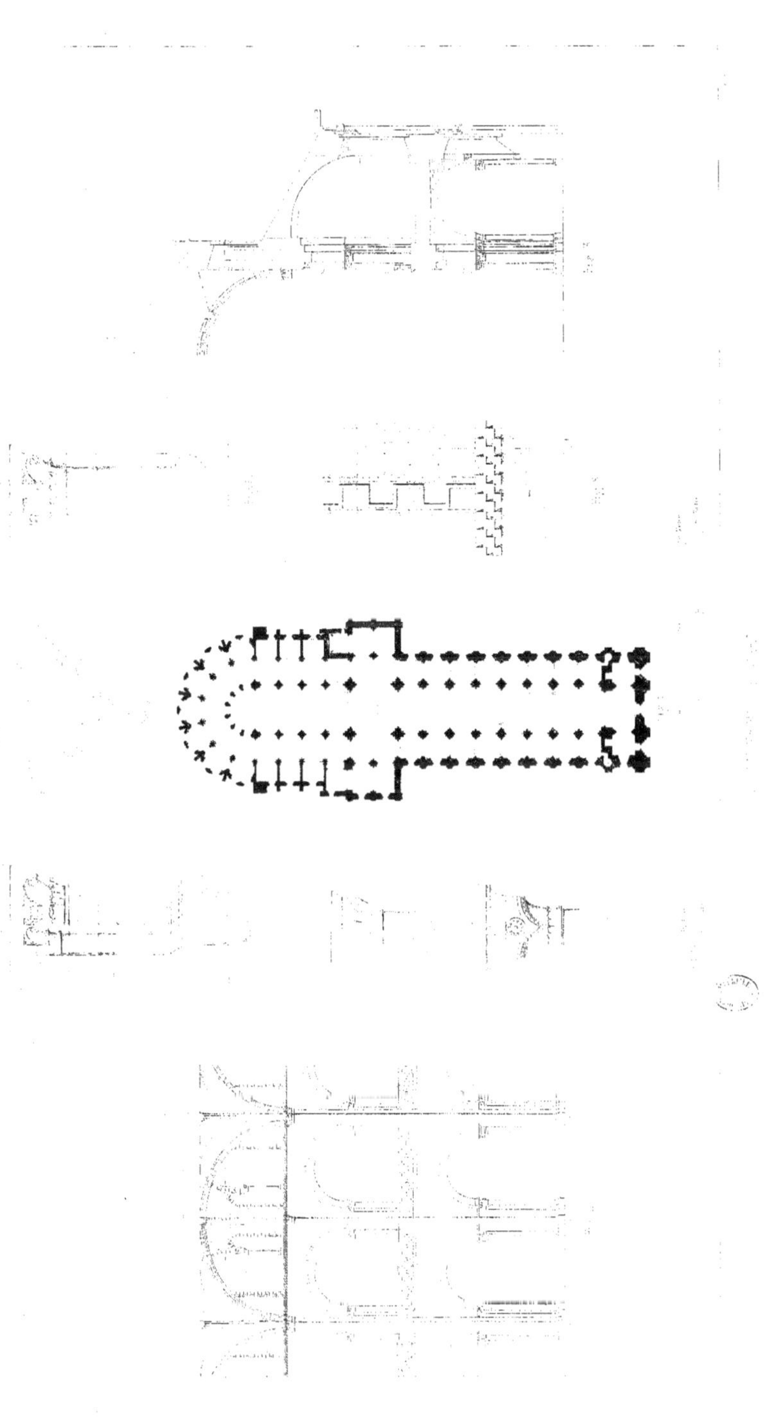

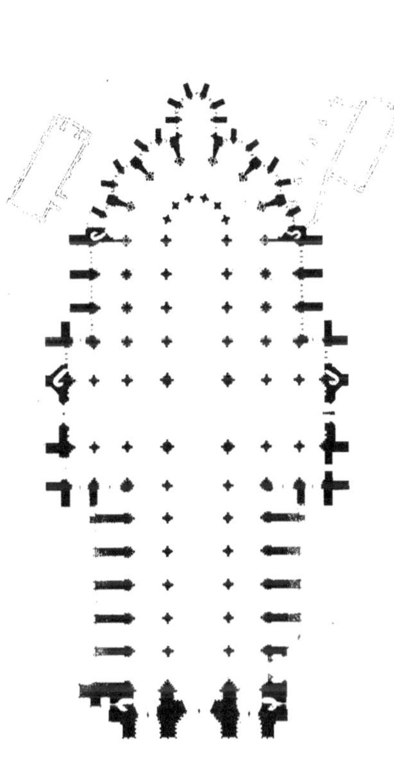

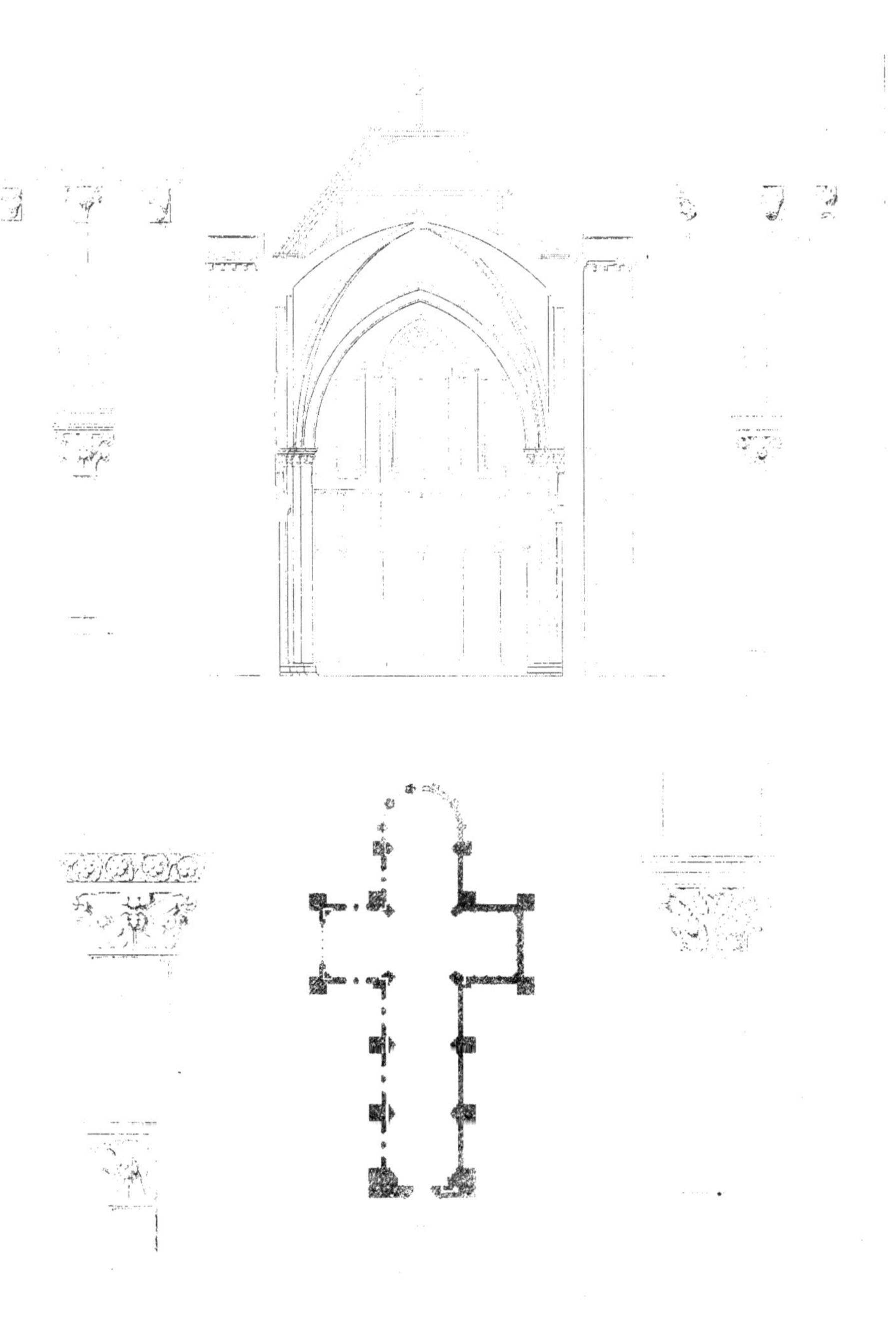

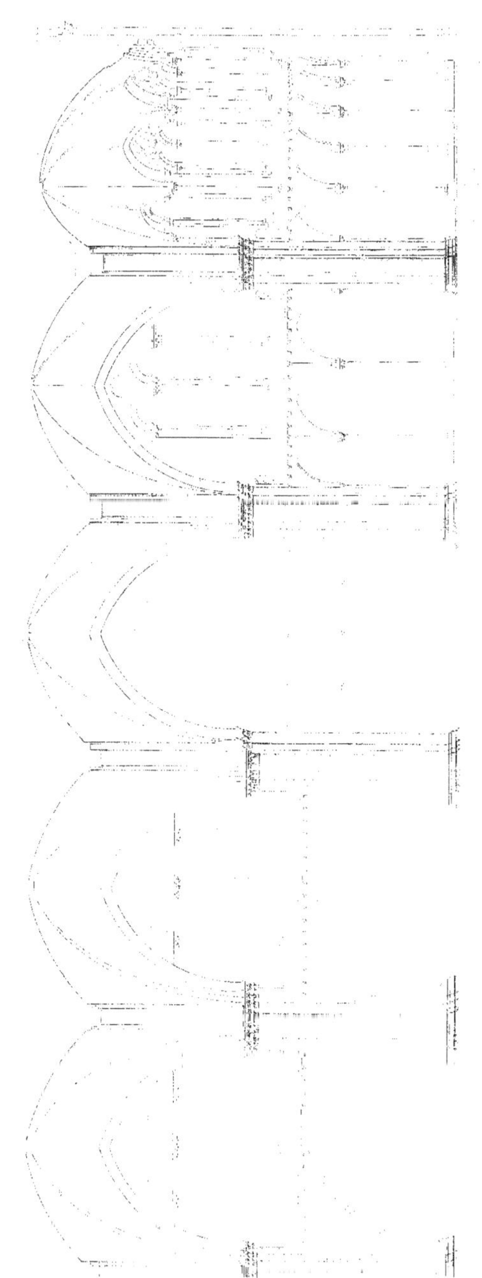

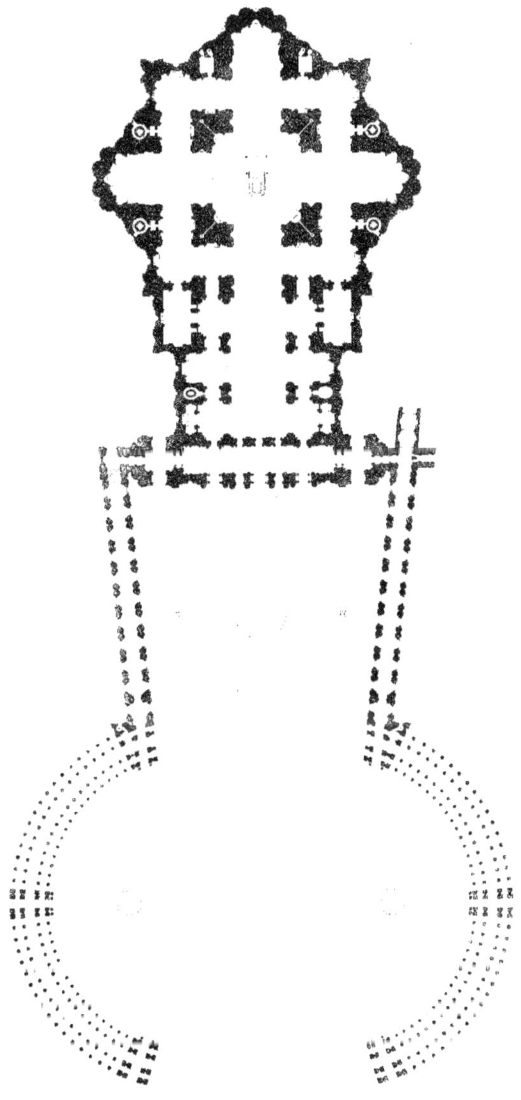

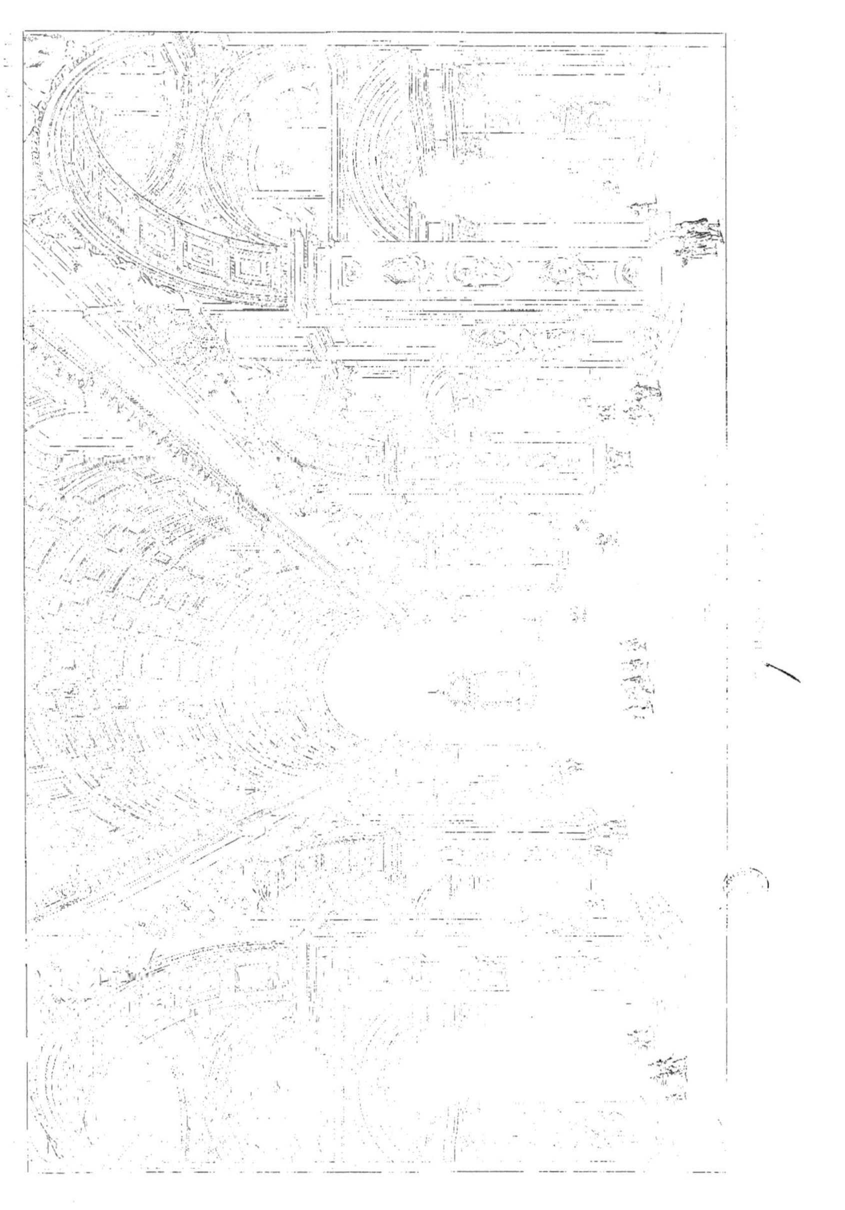

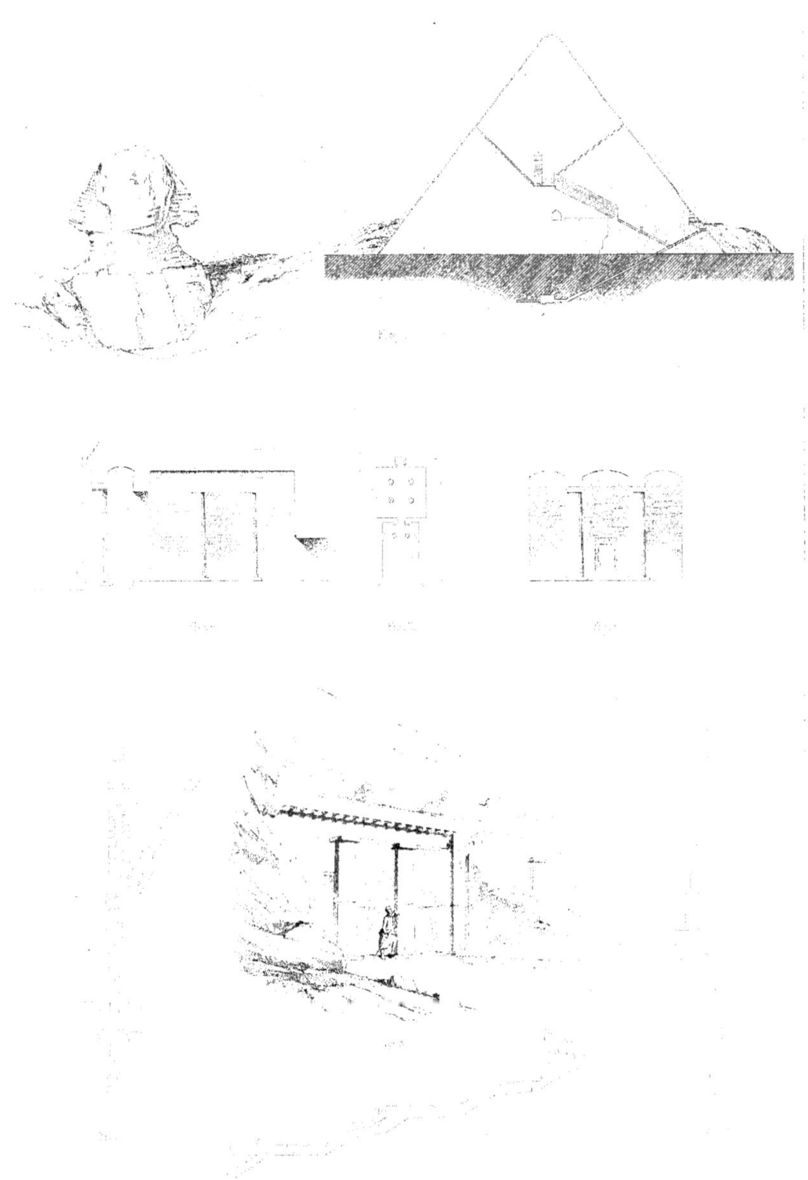

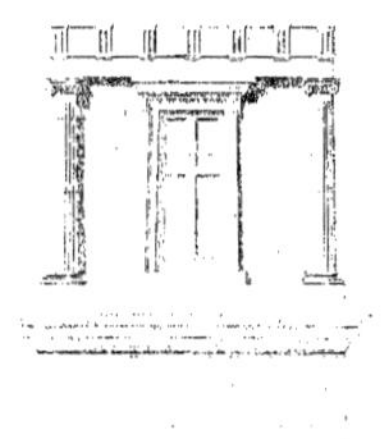

ΜΝΗΣ... ΤΡΑΤ...

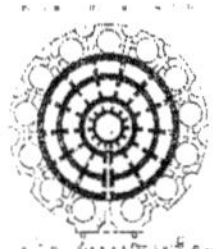

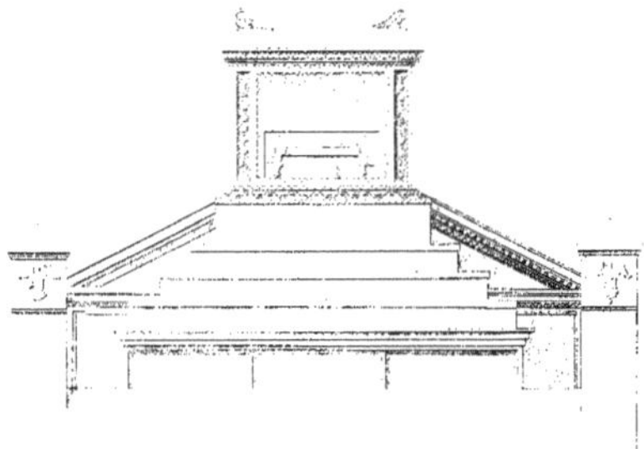

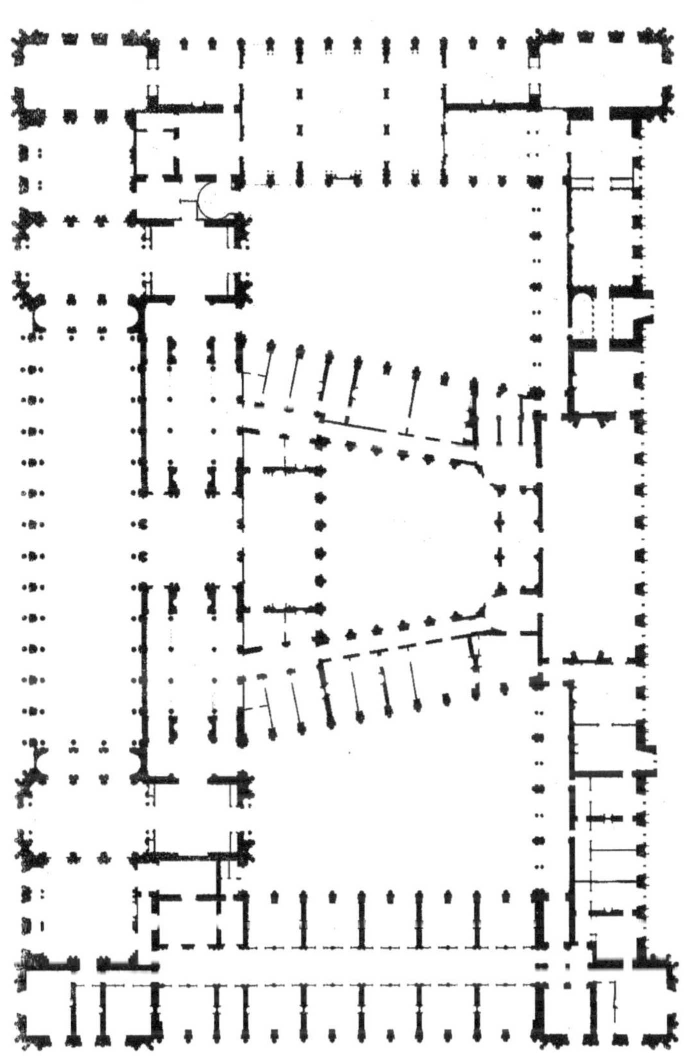

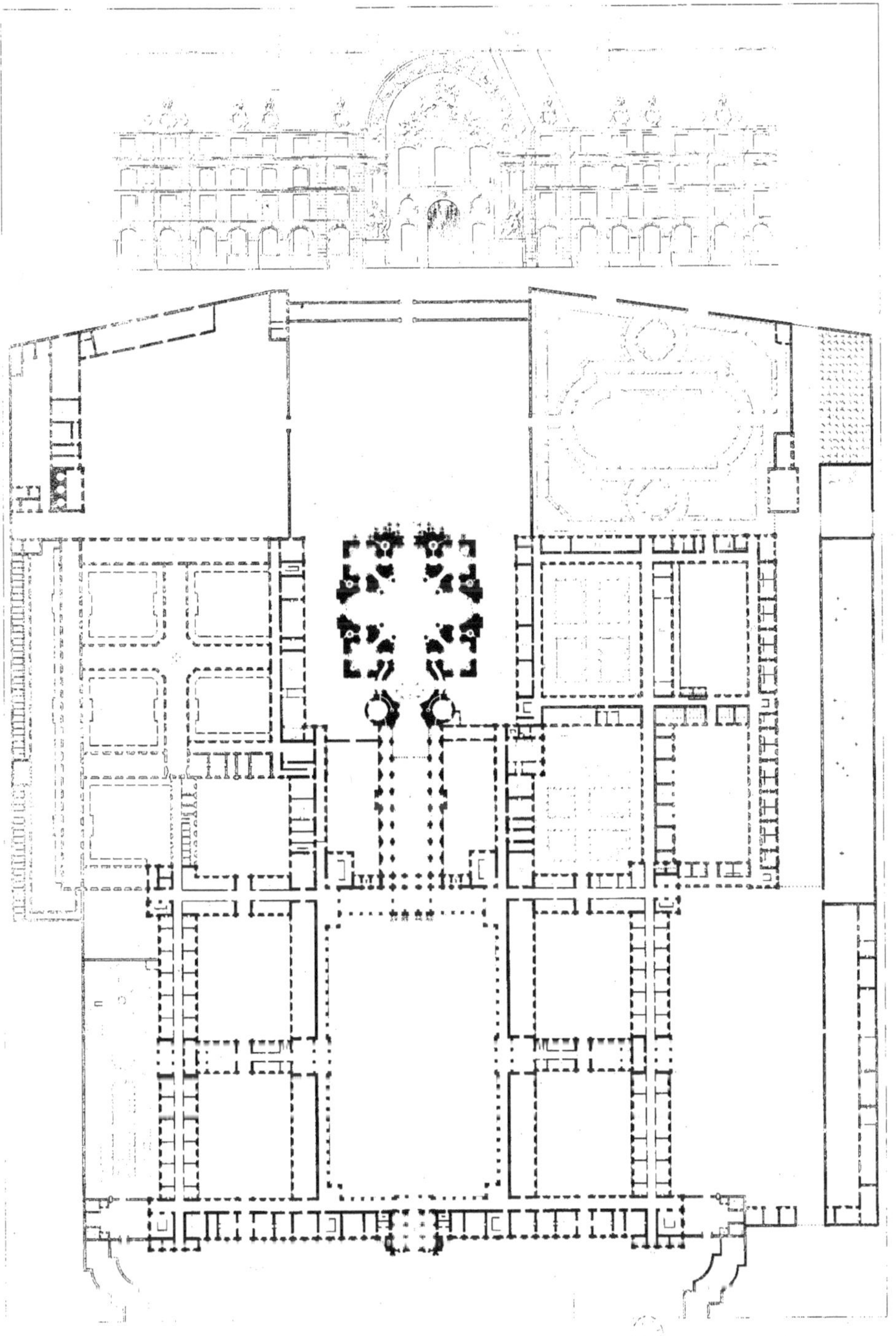

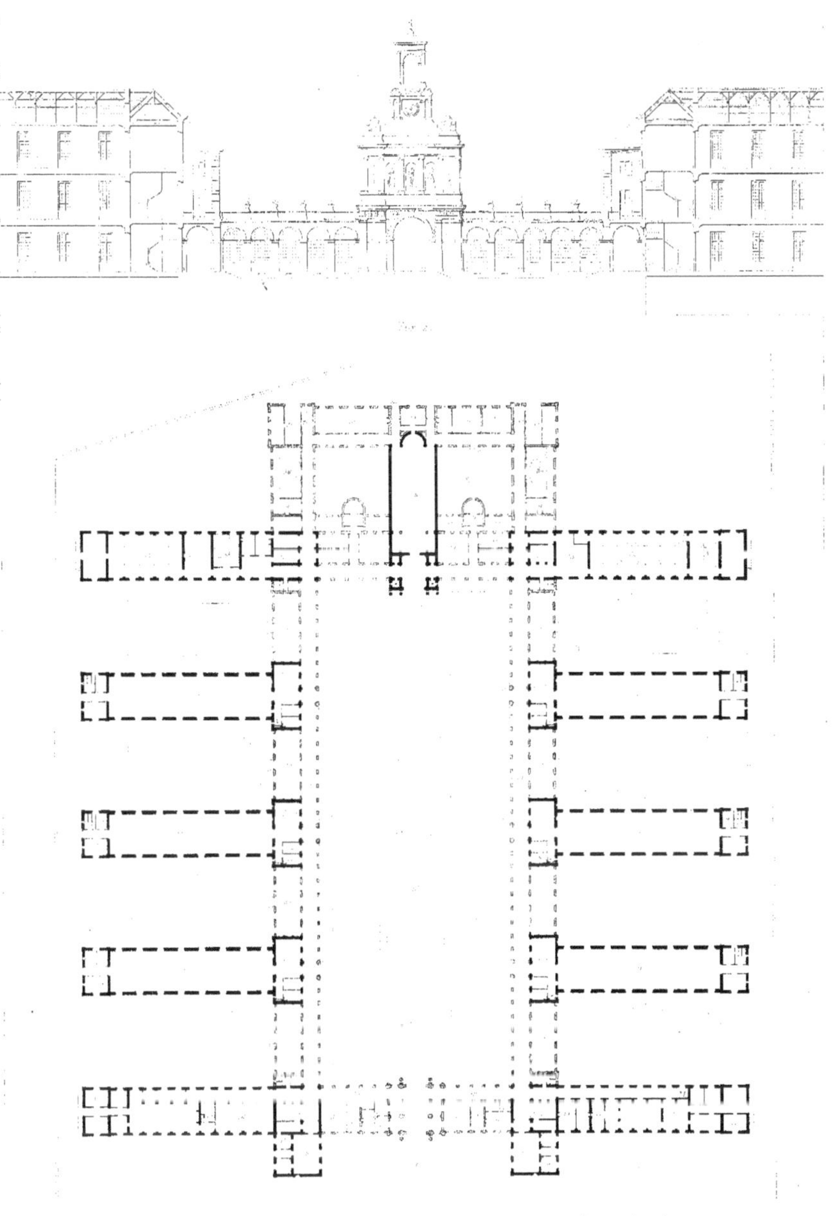

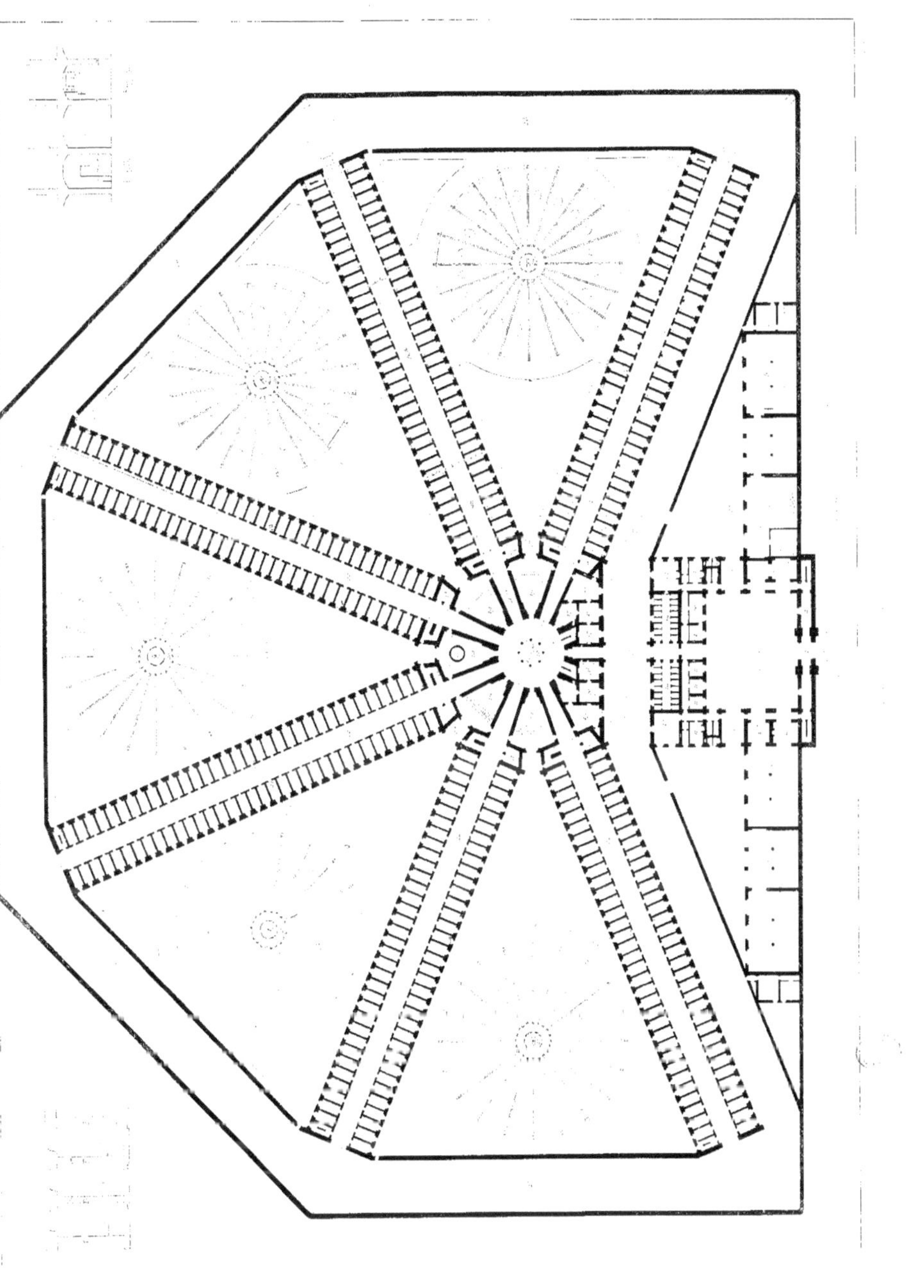

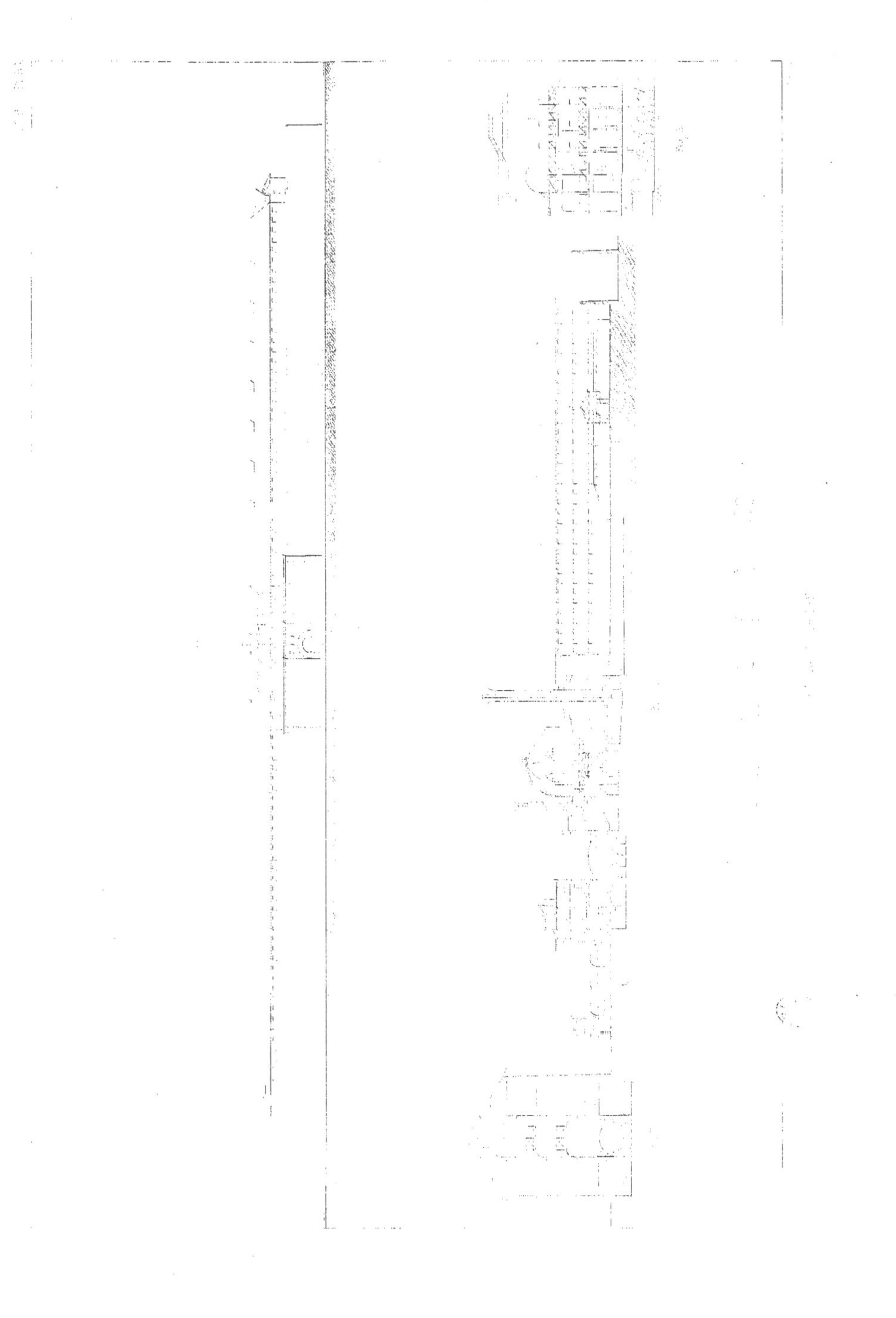

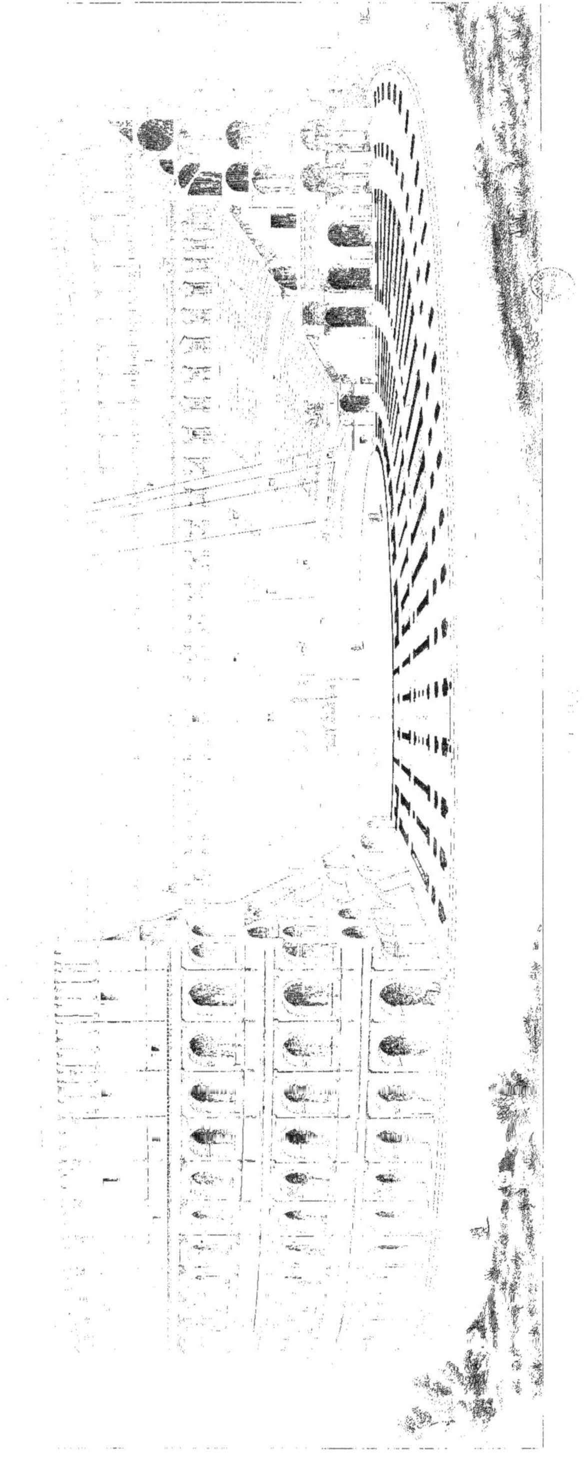

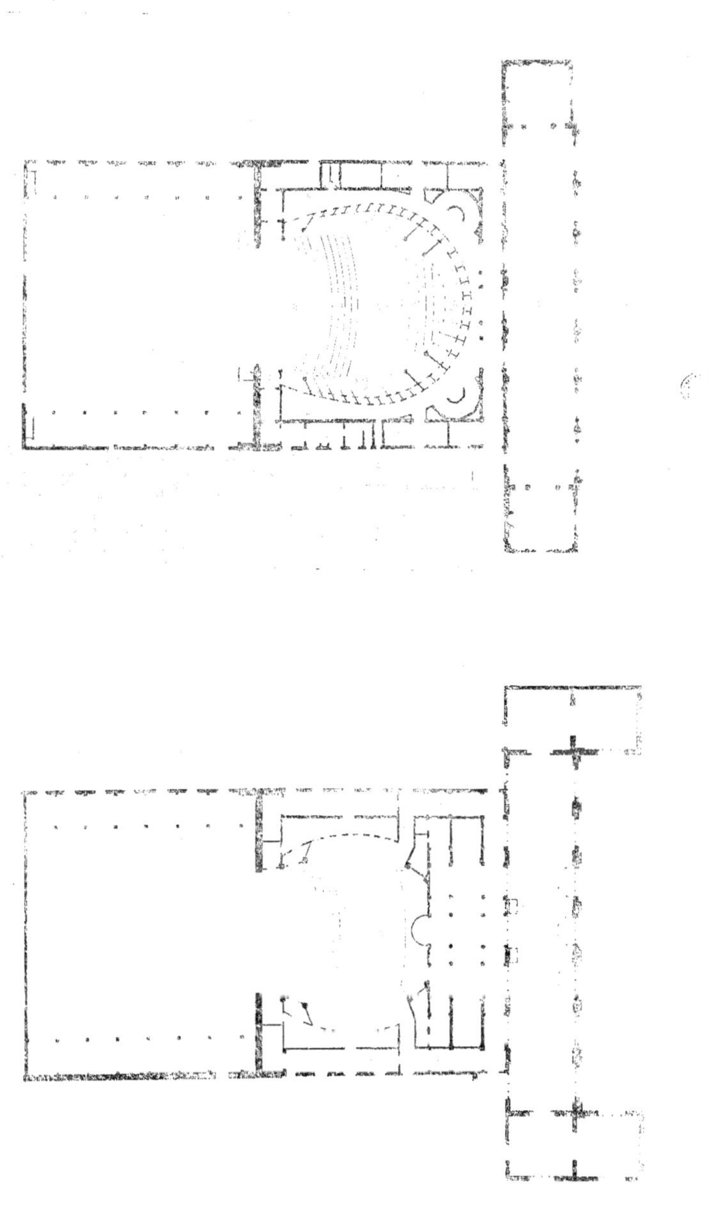

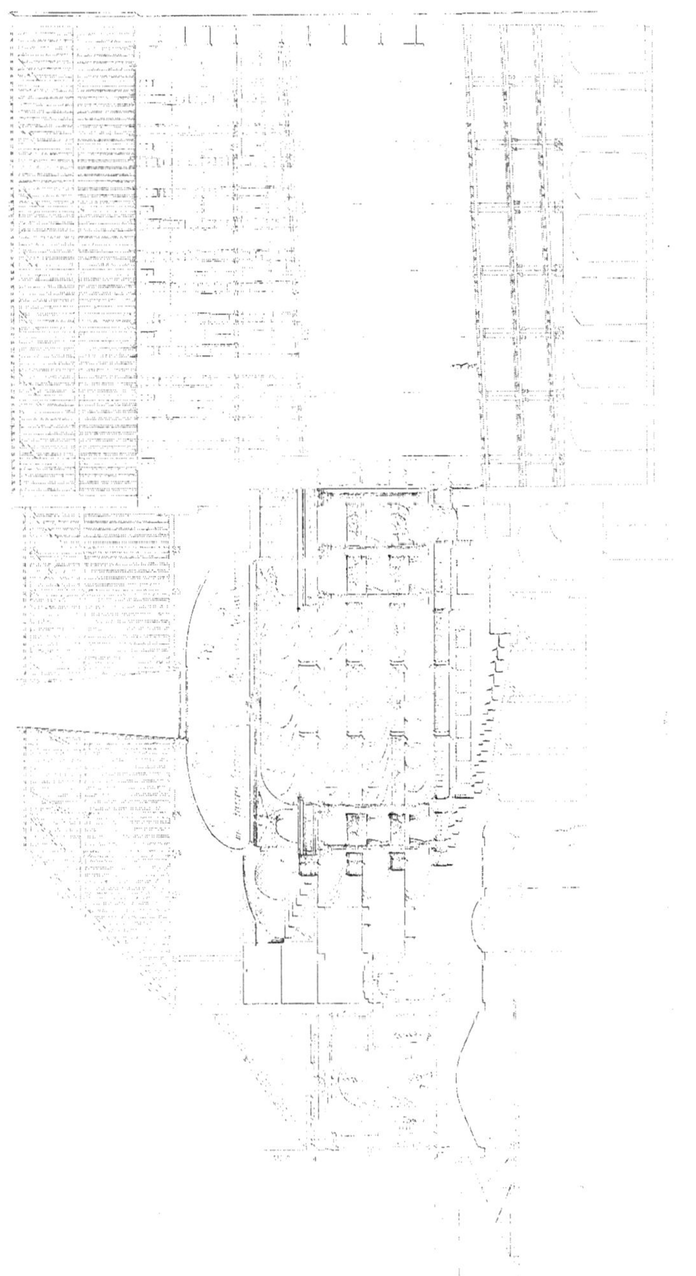

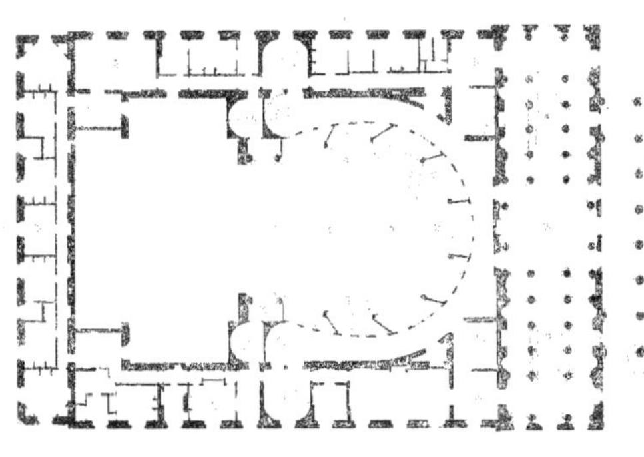

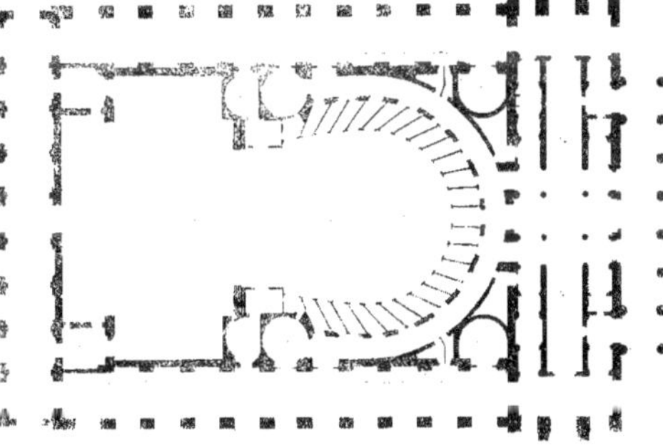

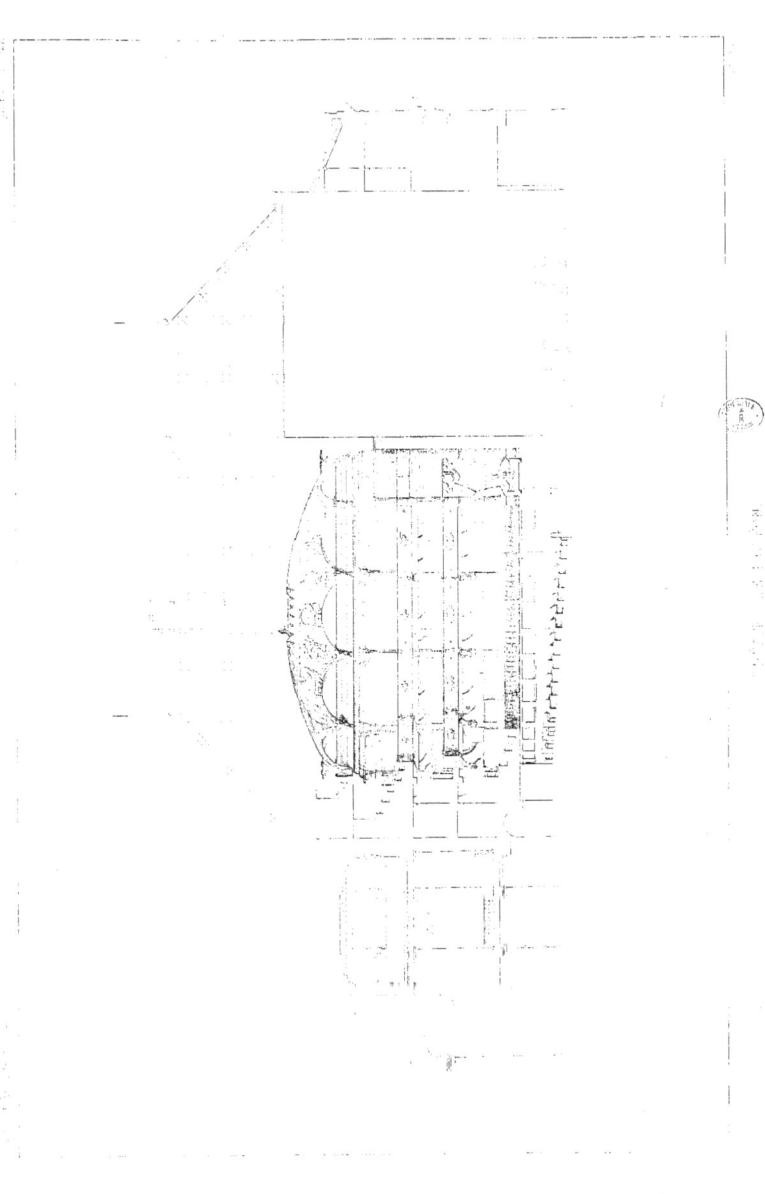

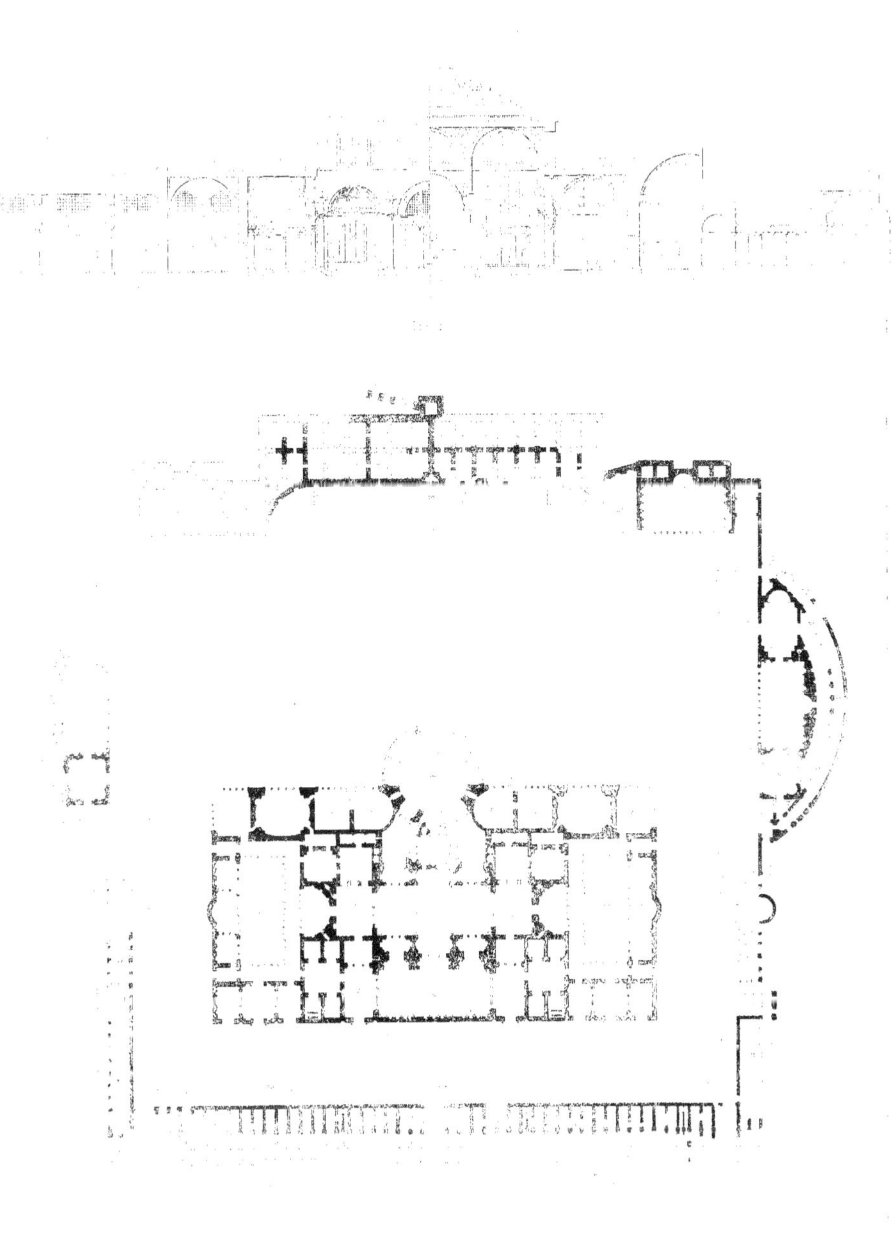

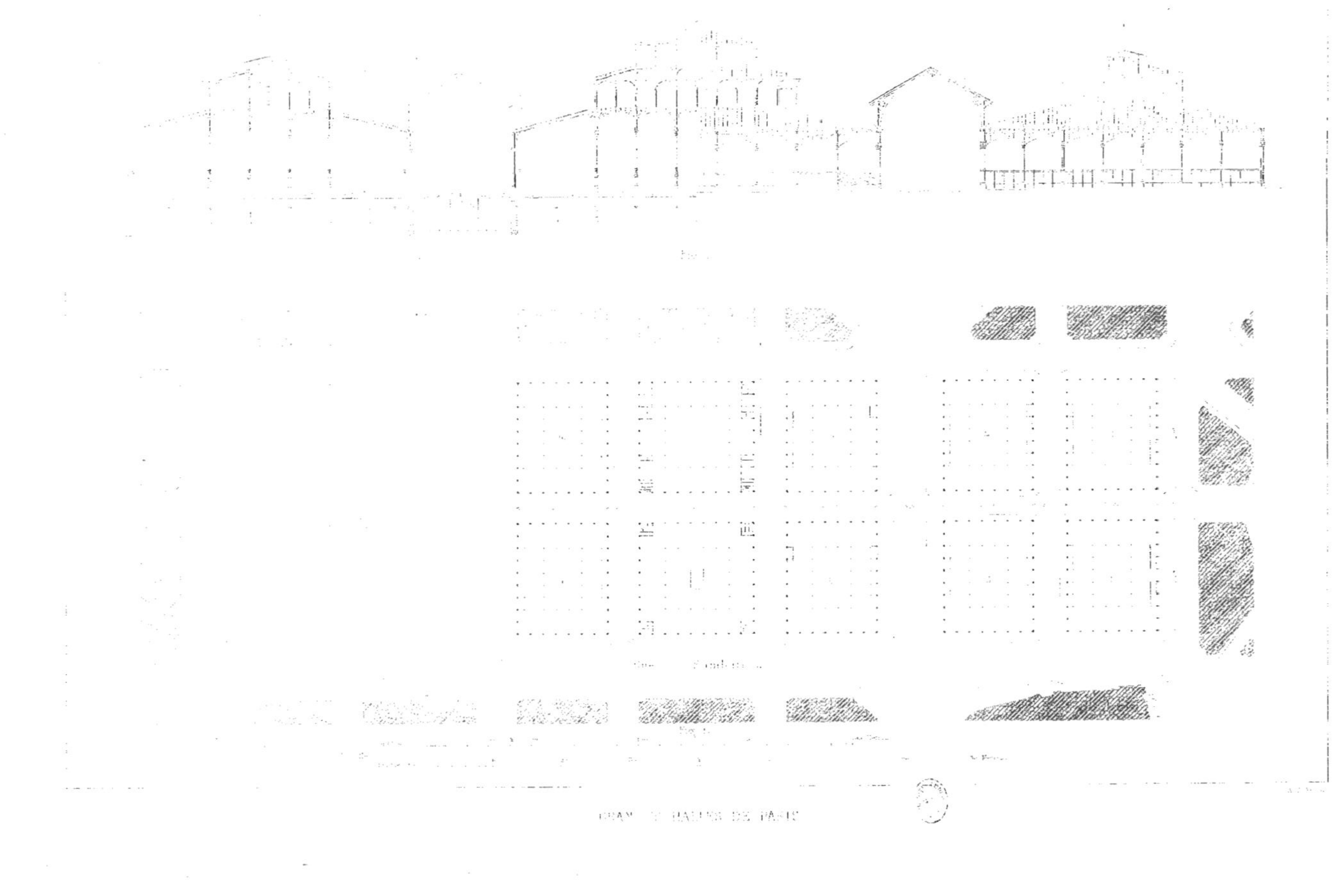

HALLES DE PARIS

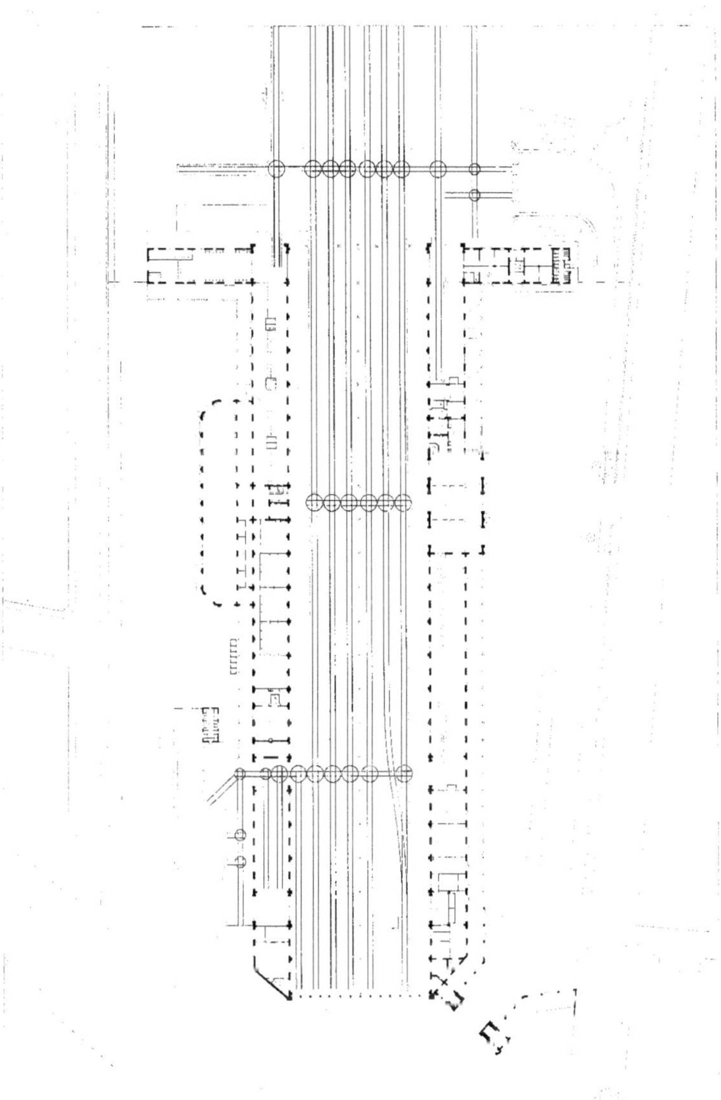

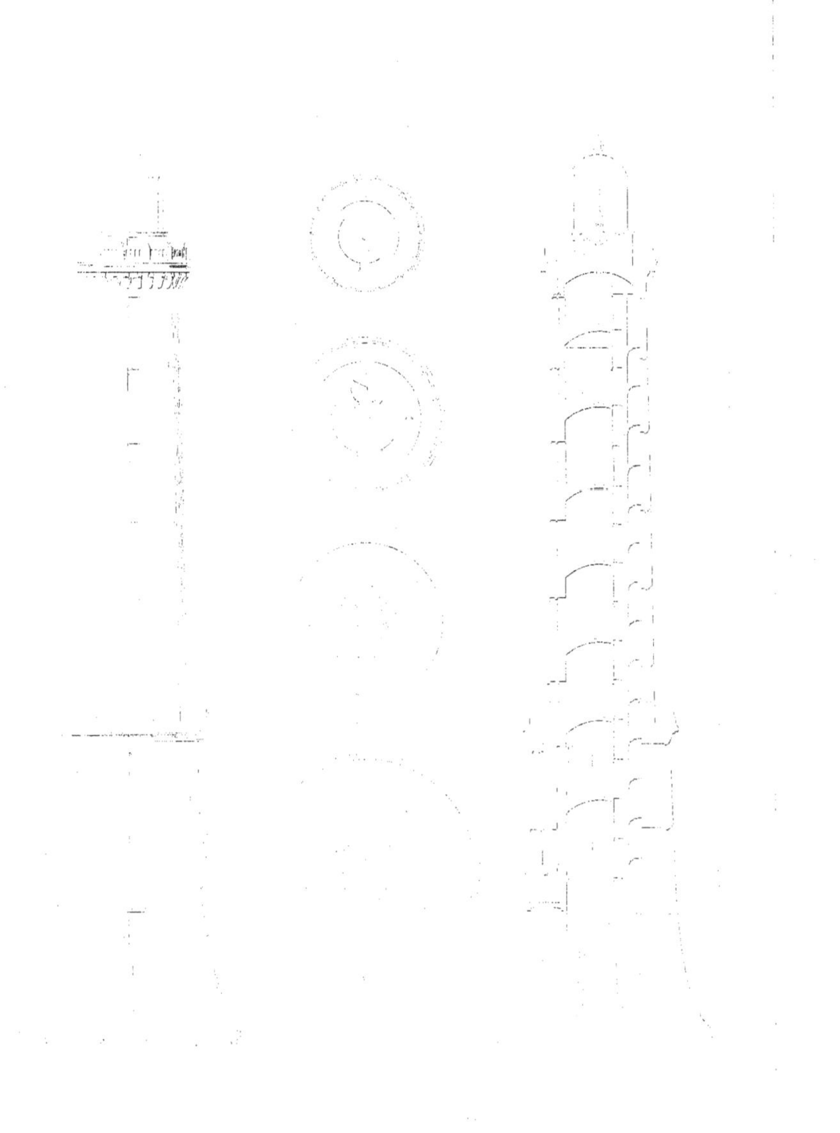

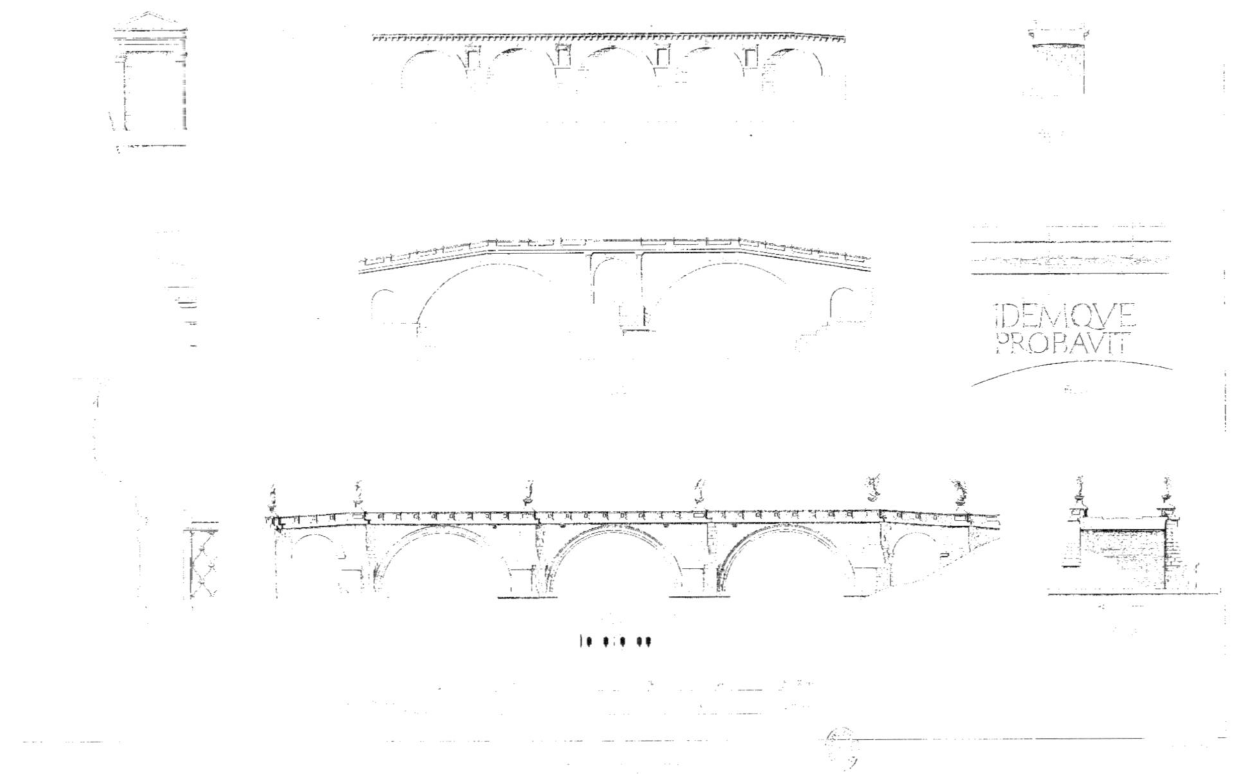

IDEMQVE
PROBAVIT

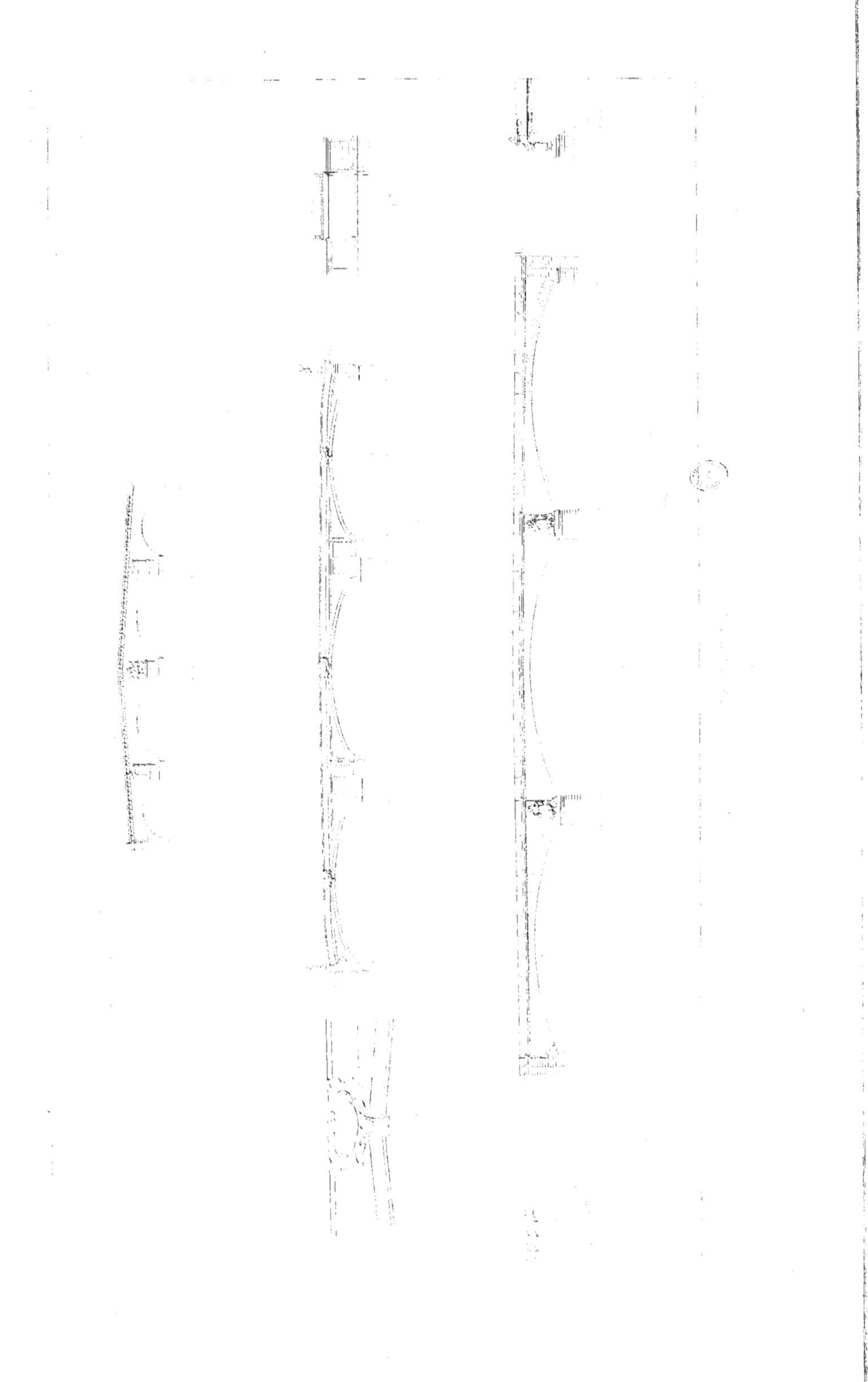

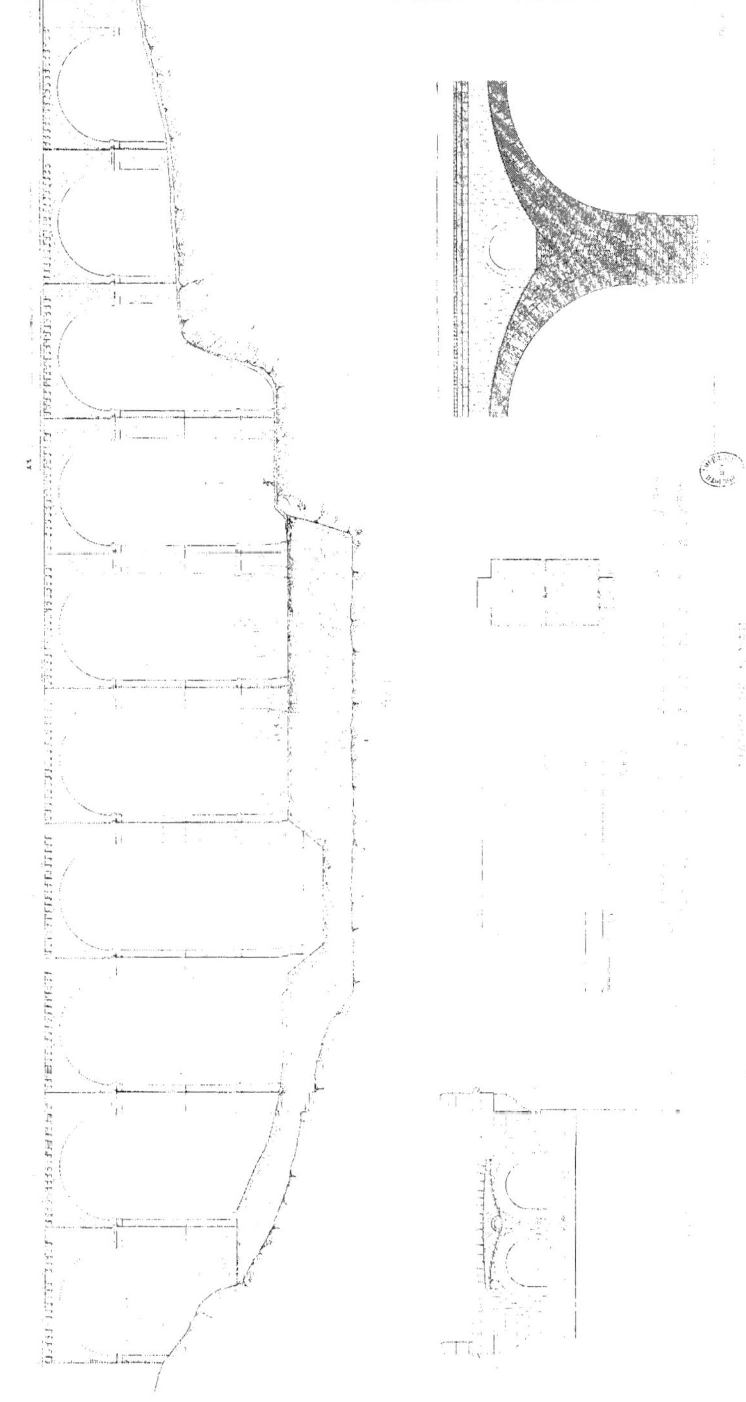

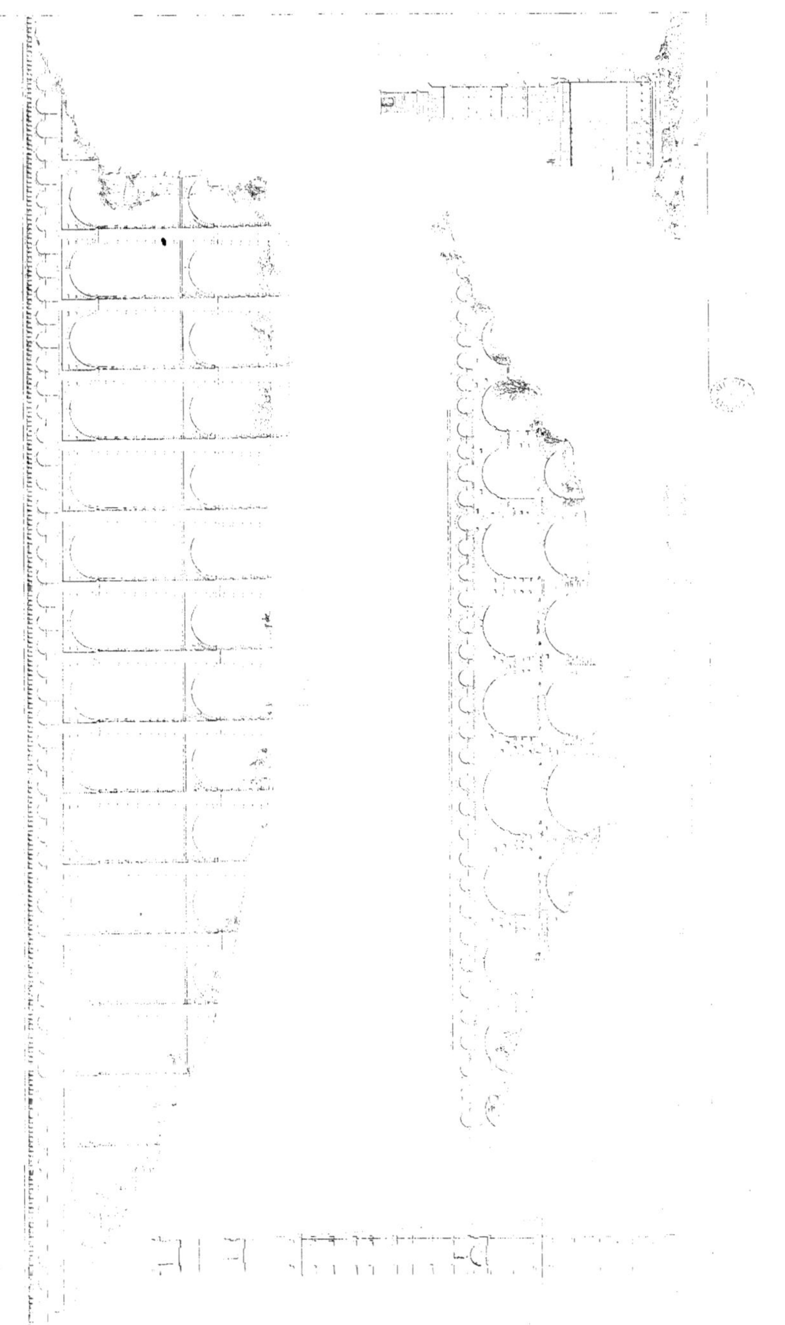

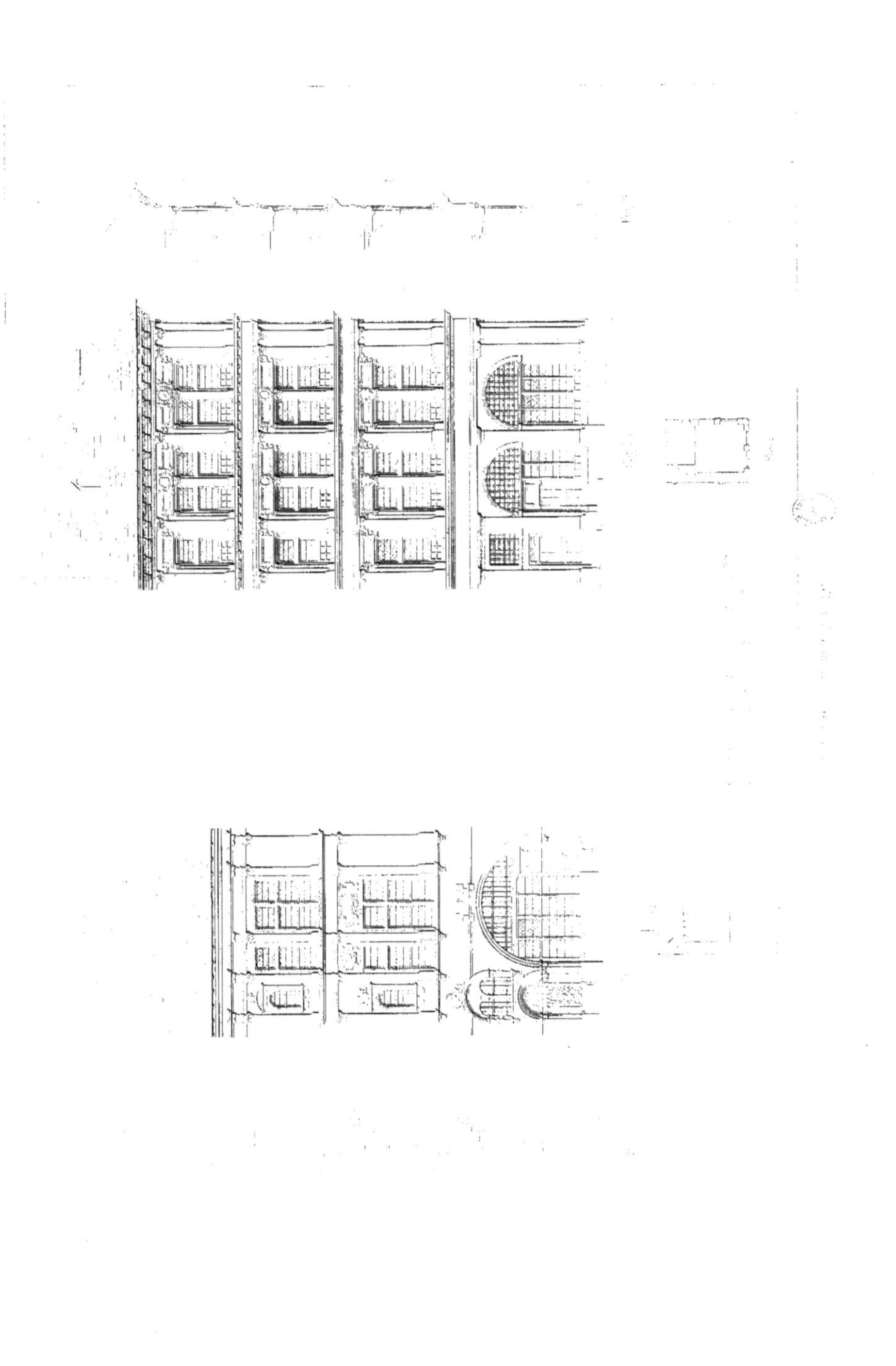

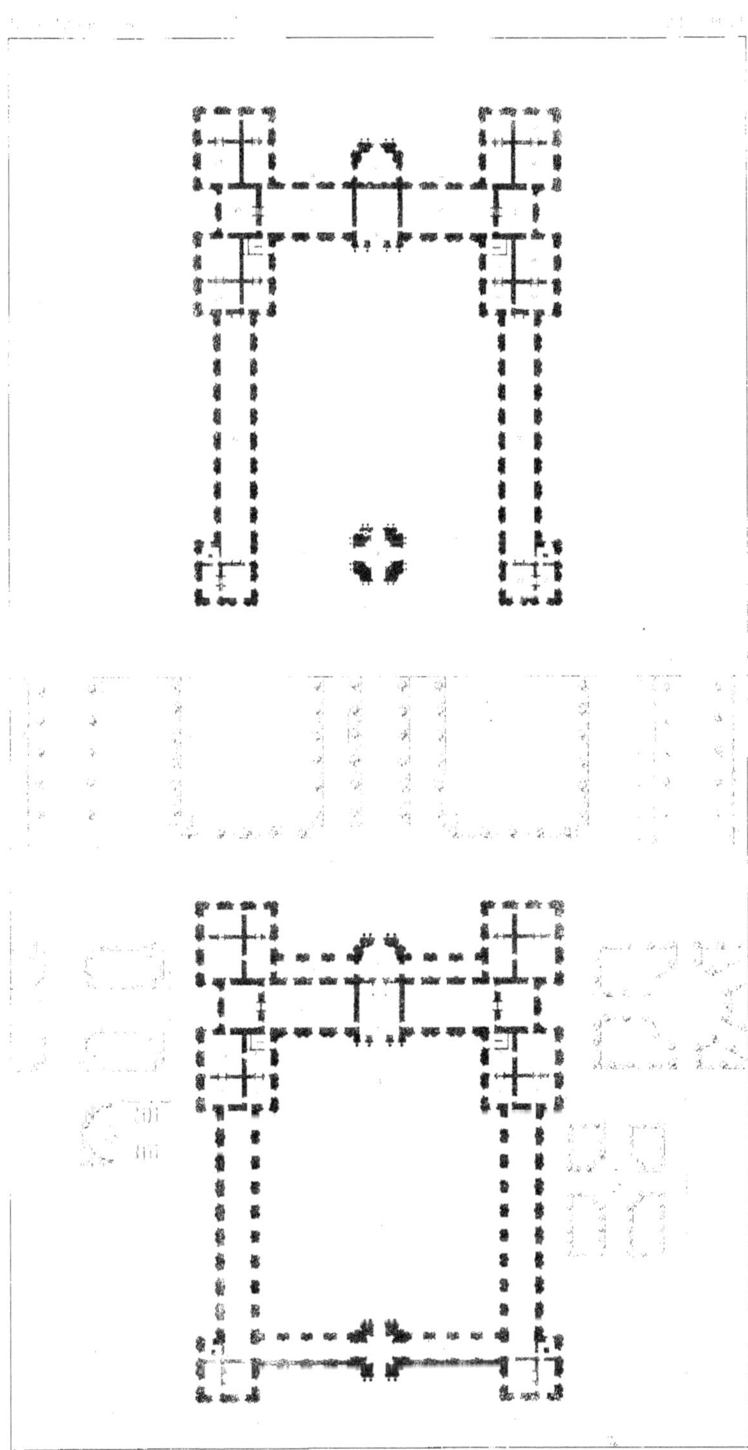

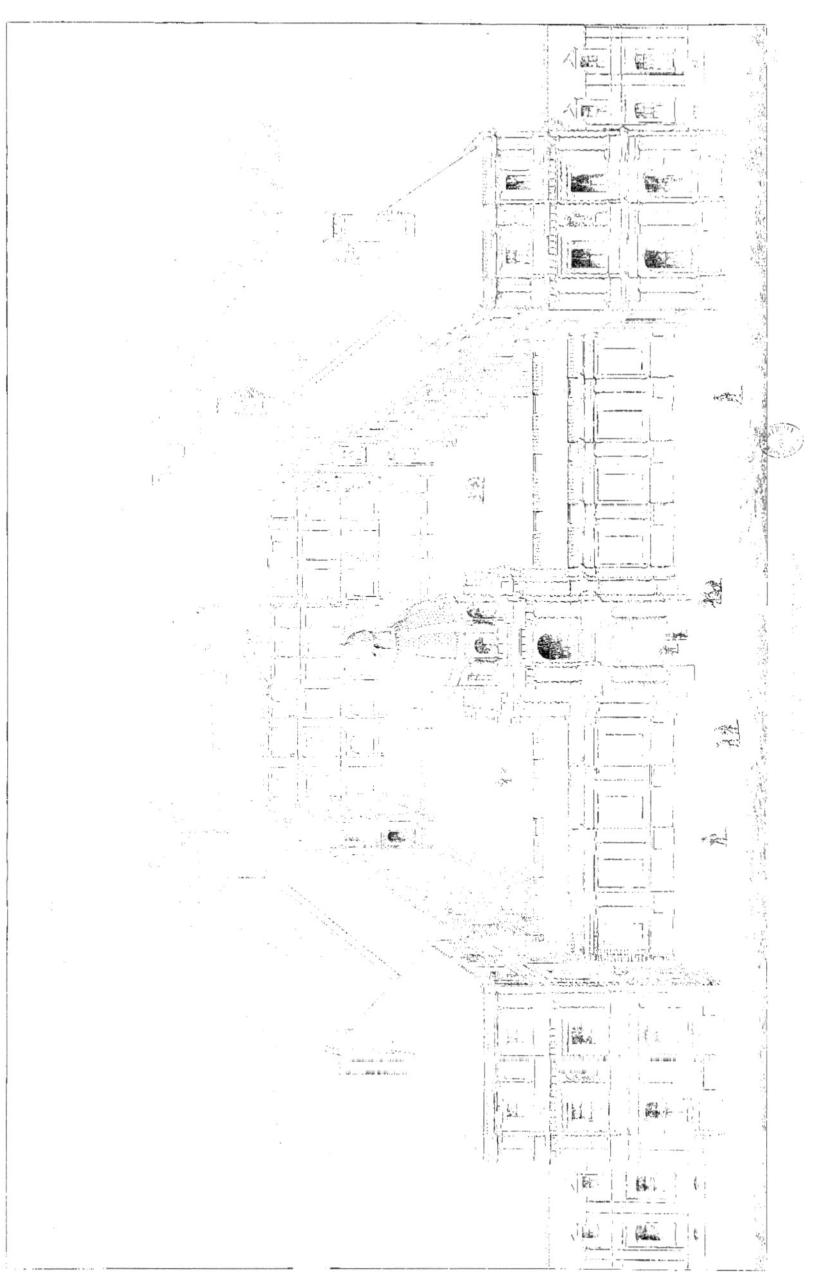

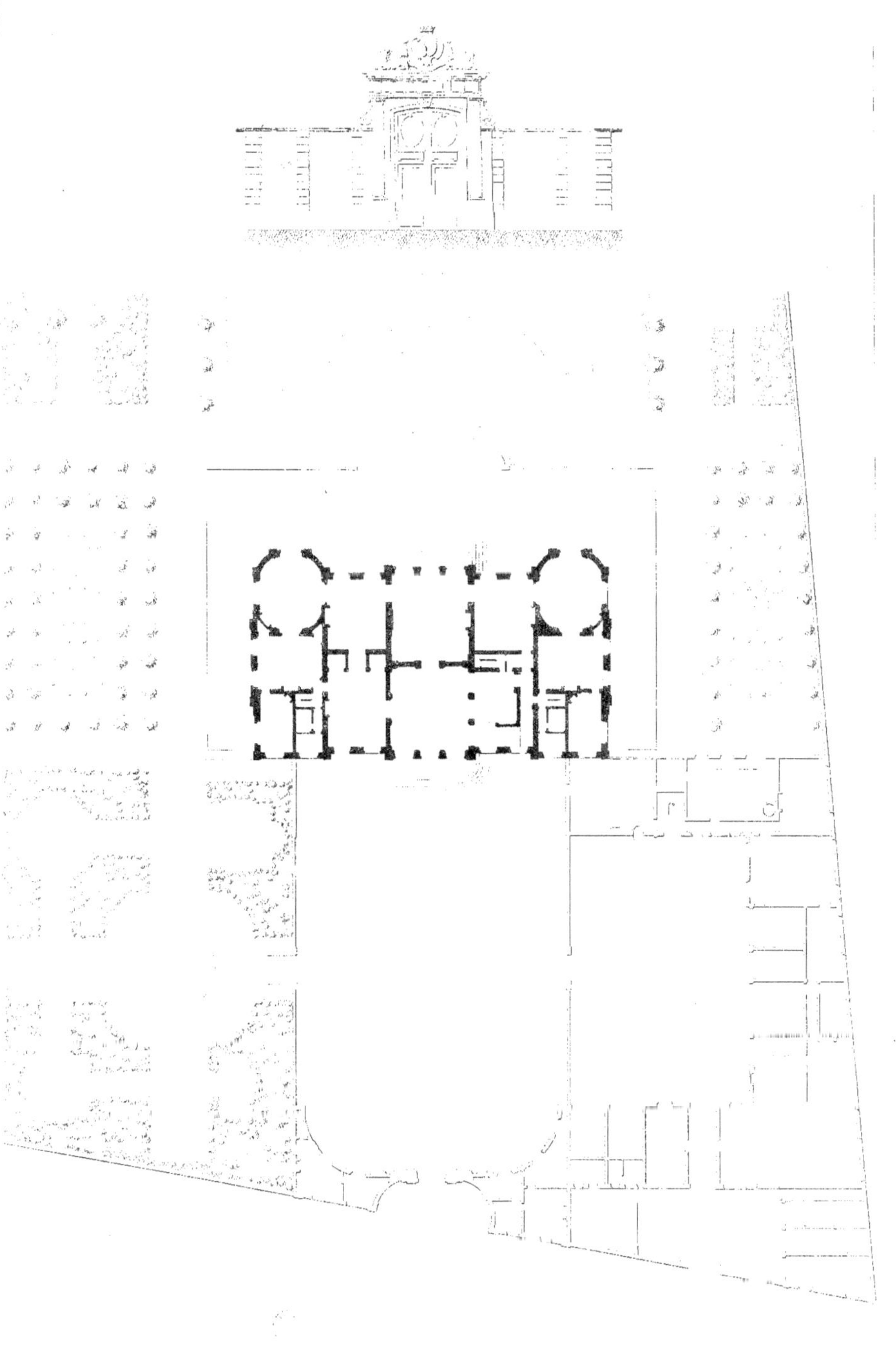

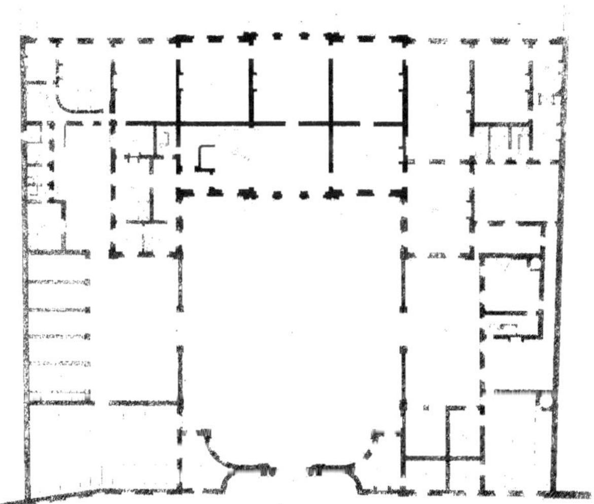

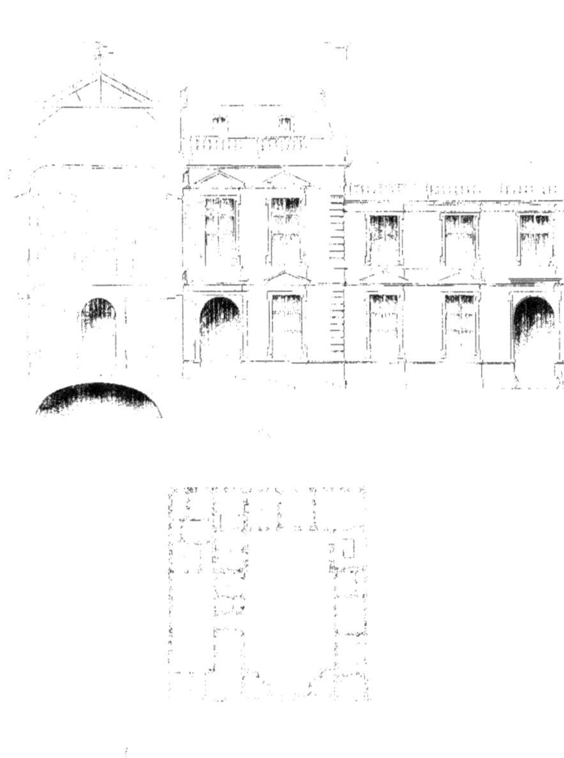

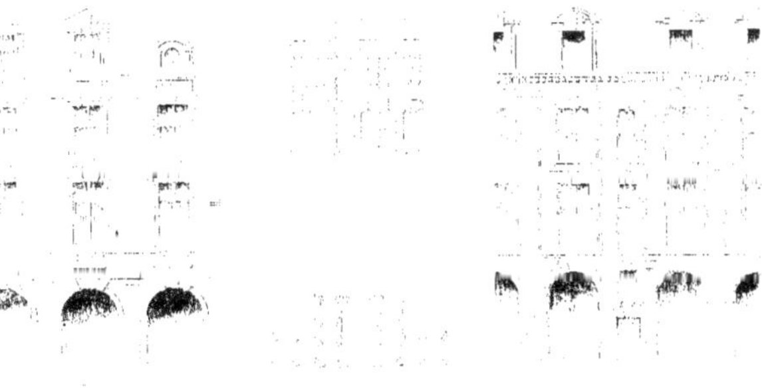

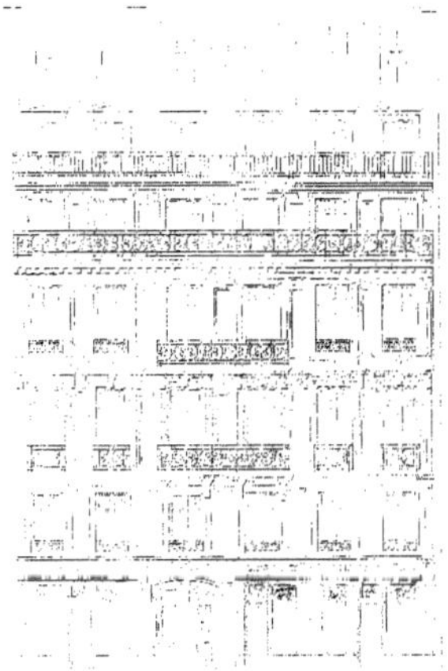

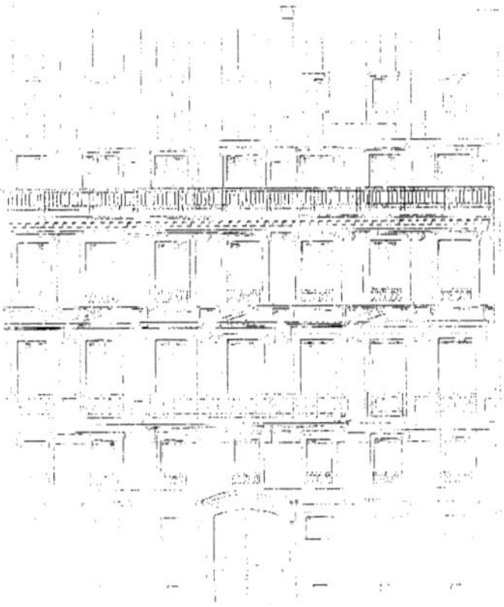

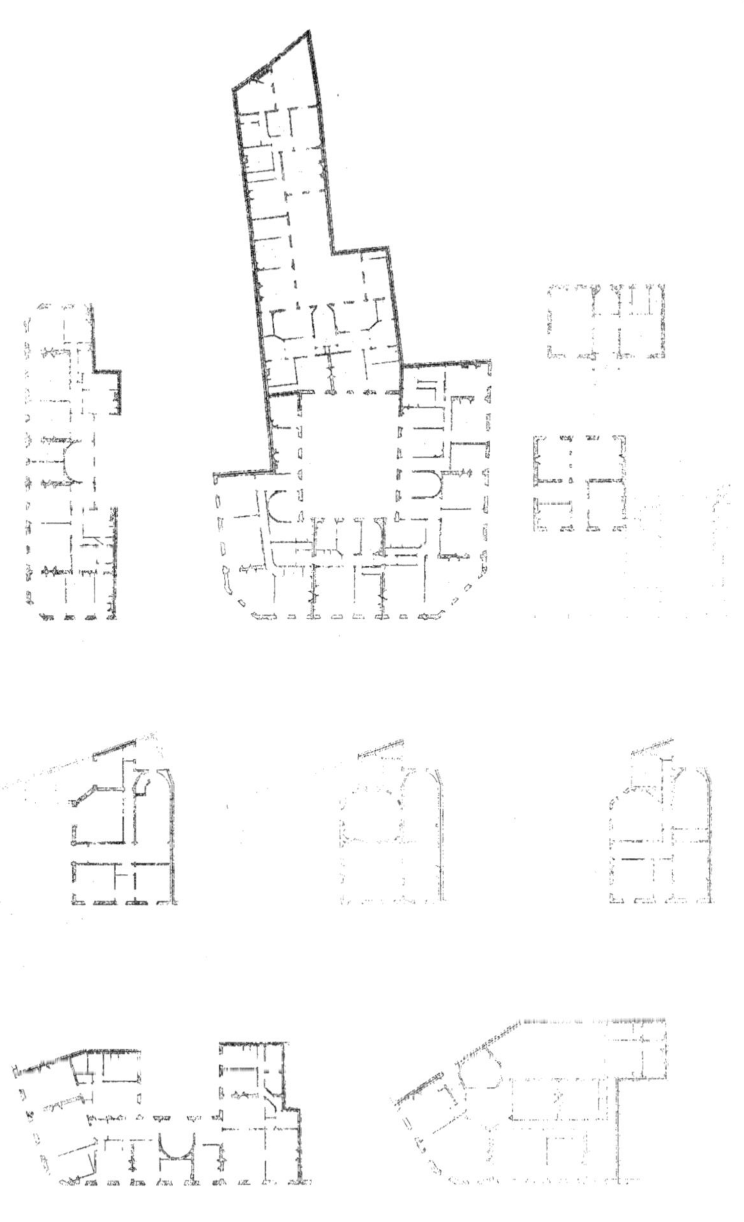

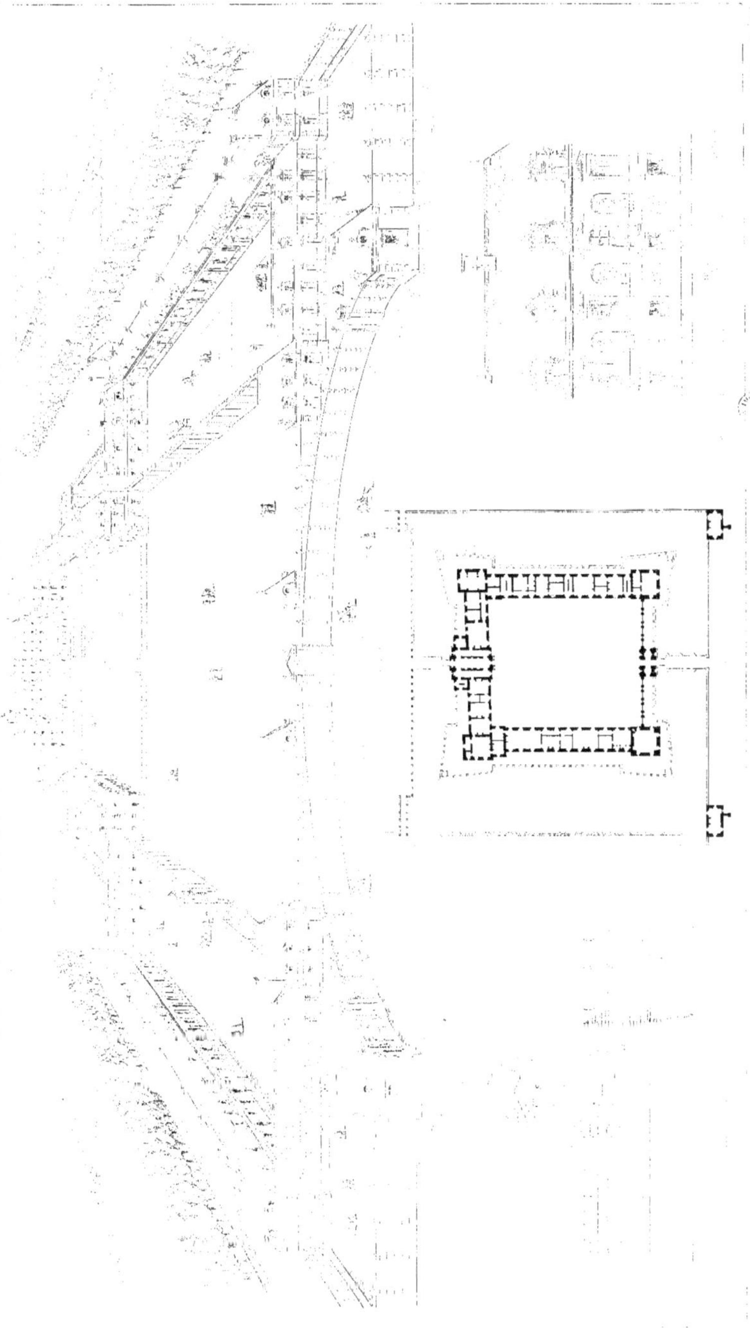

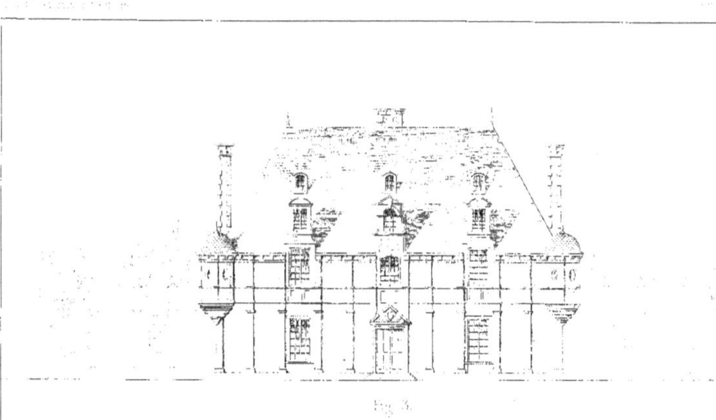

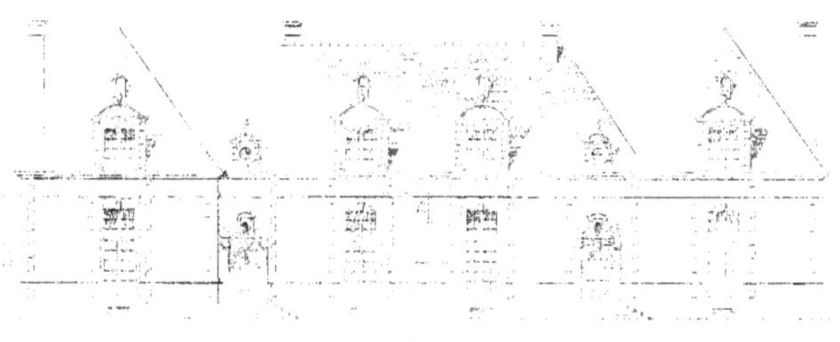

www.ingramcontent.com/pod-product-compliance
Lightning Source LLC
LaVergne TN
LVHW011957220826
846092LV00001B/195

* 9 7 8 2 3 2 9 6 1 1 8 7 7 *